我们一起走过懵懂岁月

刘国锋　主编

中国海洋大学出版社
·青岛·

图书在版编目（CIP）数据

我们一起走过懵懂岁月 / 刘国锋主编. —青岛：中国海洋大学出版社，2022.12
ISBN 978-7-5670-3369-6

Ⅰ．①我… Ⅱ．①刘… Ⅲ．①班主任工作—案例 Ⅳ．①G451.6

中国版本图书馆CIP数据核字（2022）第238368号

出版发行	中国海洋大学出版社
社　　址	青岛市香港东路23号　　**邮政编码**　266071
网　　址	http://pub.ouc.edu.cn
出 版 人	刘文菁
责任编辑	孟显丽　　　　　　　　　**电　话**　0532-85901092
印　　制	青岛国彩印刷股份有限公司
版　　次	2022年12月第1版
印　　次	2022年12月第1次印刷
成品尺寸	170 mm × 230 mm
印　　张	11.75
字　　数	161千
印　　数	1~1000
定　　价	45.00元
订购电话	0532-82032573（传真）

编 委 会

主　编　刘国锋

副主编　杜清娟

编　委　刘丽燕　潘桂珍　李金龙

　　　　姜晓慧　王晓慧　刘梦梦

　　　　张　超

序

立德树人，培根铸魂，为社会主义现代化建设培养高素质人才，既是每位教育者的首要任务，也是义不容辞的责任。

踏入职高的学生正值十五六岁年纪，处于人生中的美丽时节。他们对未来有着无限好奇和探究欲望，但由于缺乏历练，他们又有些懵懂，有些莽撞。于是，因为厌学、调皮、叛逆等等，他们被贴上了各种不美丽的标签。墨子曾言："甘瓜苦蒂，天下物无全美。"普天之下没有一件十全十美的东西，每块玉都有瑕疵，每块金都有杂质，每个人都有缺点，何况这些懵懵懂懂不谙世事的学生。作为班主任，我们有责任引领他们走出迷茫，帮助他们扣好人生的每一粒扣子。

在职高当班主任的我们，也经历过一段懵懵懂懂的岁月。由于缺乏班级管理经验，不熟悉学校管理流程，不了解学生心理，不懂得安抚学生，工作中我们也走了许多弯路。我们会因为学生的不听话而大动肝火，会因为自己的情绪失控而导致师生关系紧张，会因为自己的教育方法不得当而使学生更加叛逆……一次次跌倒一次次爬起，一次次经历一次次成长。面对这份极富挑战的工作，我们逐渐成熟，逐渐游刃有余，我们和学生一起承担磨难，一起分享平淡，一起享受欢乐，一起收获绚丽多彩的世界。

2019 年 10 月，青岛市首批中职名班主任工作室成立，刘国锋工作室成功入选。一群有志于搞好班级管理的班主任聚集在一起，坚守教育初心，相扶相携，互学互鉴，共生共长。在名班主任刘国锋老师的带领下，工作室由一开始的懵懂茫然逐渐变得井然有序。我们一起阅读《爱心与教育》《怎样培养真正的人》《叶圣陶教育名篇》等教育类书籍，学习魏书生、李镇西、苏霍姆林斯基的教育理论，一起探讨新时期班主任工作的新途径、新模式和新方法，用先进的教育理念充实自己，将所学的教育学、心理学知识付诸实践，并在实际工作中不断总结经验。

我们用爱心、智慧、责任以及精细化的管理触动学生的心灵世界，用炽热的情感去温暖学生的心灵，启迪学生的智慧，激励学生去追求崇高的理想和道德情操。在学生遇到困难时，我们伸出援助之手帮他们顺利渡过难关；在学生遇到烦恼忧愁时，我们作为心灵导师帮他们打开心结。学生在最美的年华，与我们邂逅，彼此珍惜这份难得的缘分。我们以身作则，用自身的人格魅力引领他们健康成长；我们用心做班主任，让他们在人生的关键阶段变得更好。

我们聚焦于班级管理中的焦点、热点、难点问题，挖掘班主任工作中有价值的题材，探索教育的本质、规律和价值意义。在陪学生成长的过程中，我们也在不断地成长、提升，逐渐形成了一些行之有效的经验做法，在对其提炼归纳后，最终形成了《我们一起走过懵懂岁月》一书。希望通过分享这些教育案例、教育故事和随感随笔，让更多的班主任有所感悟，有所启发，提高建班育人的能力。也希望借助青岛名班主任工作室这个平台，为中职班主任提供一些管理班级的方法思路，从而推进中职学校德育工作健康和谐发展，增强立德树人实效。

我们始终坚守教育本身，遵从教育初心。虽然我们做的也只是些微琐事，记叙的也只是一些尚显单薄的故事，但是我们对工作的努力和对教育的热忱却一直都是痴心不减。我们是耕耘者，也是守望者，在学生前行的路上，我们会一路相陪，不放手不放弃，引领他们走出青春的困惑和迷茫，走向更加灿烂辉煌的明天。

目录

教育案例

教育故事

教育随笔

教育/案例。

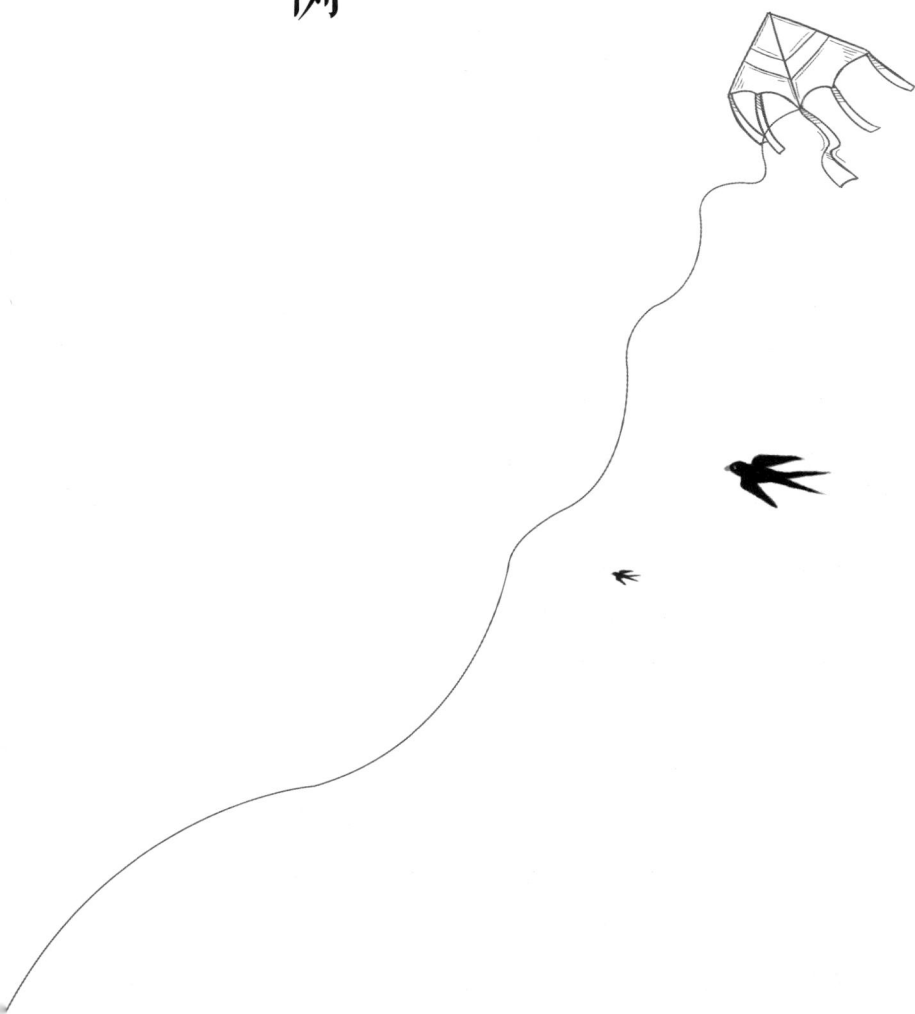

有人说，每个孩子都是一朵花，只是花期不同而已。是的，每个孩子都是祖国的花朵，都是社会的未来。受基因、环境等各种因素的影响，每朵花的成熟期各不相同。对于进入职业学校的学生而言，他们大多属于晚熟的花朵。当别人日渐成熟的时候，他们大多还是一副懵懵懂懂的样子：没有上进心，缺乏自律意识，调皮捣蛋，违反纪律。事实上，这些学生更加需要呵护，更加渴望被关注、被倾听。当我们觉得他们已不值得爱的时候，恰恰是他们最需要爱的时候。如果我们错过了一个合适的教育机会，就有可能错过了学生的一辈子。作为班主任，我们要用心呵护和浇灌，唤醒学生的内驱力，帮助他们早日绽放出美丽的花朵。

　　所以，不管我们的学生存在多少问题，即便每个问题都十分尖锐、棘手，我们也要始终坚信每个学生都是鲜活灵动的个体，都有可爱的一面，有着各自独特的性格，必须给予他们极大的包容与关爱。我们密切关注着他们的一言一行、一举一动，及时捕捉他们的变化，并不断分析这些现象中隐藏的本质，思索现象的成因，探讨改进的措施。我们深知改变一个人的过程是曲折的、反复的，我们认真反思、缜密推敲可以改进的地方，以促进学生更好的成长。

我们从管理班级和教育学生等方面的常见问题入手，在实践中探索，在探索中成长，通过跟学生一次次的心灵触碰，唤醒学生内心的自觉，激励他们不断进步。我们把对学生的关注、实践、反思形成文字，做成一个个鲜活的案例。这些看似普通的案例，是班主任的工作实践中的经验总结，凝结着他们的工作智慧，展示了他们的成长之路。德国哲学家雅思贝尔斯说，教育就是一棵树摇动另一棵树，一朵云推动另一朵云，一个灵魂唤醒另一个灵魂。在刘国锋老师的带领下，我们的工作室成员都变成了树，去摇动更多的树；都变成了云，去推动更多的云；我们共同去唤醒每一个学生的灵魂，帮助他们走出迷茫，健康成长。

我们立志做理性的智慧型班主任。我们不是职业教育的专家，但我们是积极的践行者，这些案例只是真实地讲述我们在班级管理中积累的小经验、小智慧。我们深知塑造灵魂的工作富有挑战性，极其不易，哪怕学生微小的进步也会鼓舞我们努力再努力。我们坚信，只要前进的脚步不停止，我们和学生都会有满满的收获。

一块抹布引出的感恩教育

案例描述

有一次，班里临时接到一个打扫会议室的任务。会议室特别大，卫生工具特别是抹布不够用，我就让学生到隔壁班借了些回来。打扫完卫生之后，我提醒学生及时把借的工具还回去。后来邻班班主任告诉我说："你们班学生真懂事，把借我班的抹布洗得干干净净，而且为了表示感谢，还送给我们两个大苹果。我当众号召全班学生向他们学习。"我听了非常开心。通过调查得知，这原来是卫生委员宋倩的主意，我在班里大力表扬了她。

案例剖析

这虽然是生活中一件很普通的小事，但是细微处显人品。别班借给我班工具用，解了我们的燃眉之急，我们理应心怀感激。对于他人借予的东西要爱护爱惜，好借好还，把抹布洗干净后再还回去，并且还拿自己的苹果送给他们，这是用行动来表现对别人的尊重和感激，体现了一种互帮互助、知恩感恩的道德风尚。如果这种风尚能在班里传播开去，班级的氛围一定非常温暖而融洽。

教育措施

一、捕捉教育契机，让学生明白"为什么要这样做"

我清楚地记得，在清洁任务完成之后，我只是提醒学生及时归还抹布，没做任何其他要求。至于卫生委员宋倩主动把抹布洗净后再归还，还赠送了两个苹果以表谢意，我有点始料未及，没想到学生会想得如此周到。宋倩得到了邻班班主任的表扬，为班级争得了荣誉，这显然是一个很好的教育素材。我抓住这个教育契机，跟学生分享了这件事。先让宋倩讲述当时的想法及这么做的原因，我又进行了点评，让学生懂得两点：一是借东西时好借好还，再借不难；二是当我们需要帮助的时候，有人伸出援助之手，帮我们解决了困难，要知恩图报。通过一起讨论分析，学生深刻地认识到这么做的好处。

二、树标杆找差距，知道"我该怎么做"

班里学生发展不平衡，有的素质较高，遇事积极主动，待人随和谦逊；有的心胸不够开阔，做事爱计较。卫生委员的做法堪称"完美"，思虑周全，有礼有节，给学生和我都上了生动的一课。我觉得这是一个难得的教育案例，就让学生反思：如果换成自己会怎么做？学生各抒己见，大致形成三种意见：一是用完不洗直接送回去，因为借的时候也是脏的；二是用完会洗一洗，但不会道谢；三是会将抹布洗净后归还，也会向对方道谢。大部分学生都持第三种意见，但大家都觉得自己不会像卫生委员考虑得这么周全。通过讨论，孰优孰劣，无须老师评判，学生一目了然。大家也都自然而然地将卫生委员作为自己学习的榜样。我趁机告诉学生，道谢的方式有 N 种，不一定非要用送礼物的方式，只要能真诚地表达自己的谢意，让对方感到暖心即可。通过讨论，同学们都有了标杆和目标，知道了自己今后遇到这种情况该怎么做。

三、举一反三，弘扬美德

为了加深学生的感受，让他们懂得知恩感恩，我继续让学生反思：生活中当你遇到不时之需时，你最大的愿望是什么？答案整齐划一，几乎所有学生都渴望别人伸出援助之手，帮自己一把。我趁热打铁说道："当自己遇到困难的时候，如果遇到不理不睬的人，我们心里会很难受，也可能也会心生怨意。所以当遇到热心肠的人主动帮我们解决难题的时候，一定要心存感激，因为这不是他的义务，而是他的善良、热心。同样，当别人需要自己帮忙的时候，也要义不容辞地伸出援手，主动回馈那些需要帮助的人，这是一种美德。"收获爱，传递爱，只有互帮互助，人与人之间才会充满温情，我们的班级、校园乃至我们的国家才会更加温馨和谐。最后，我号召大家向宋倩学习，在班里大力弘扬正能量。学生对我的观点非常认可，纷纷表示一定会做一个热心肠的、懂得感恩的人。

教育反思

时时皆可教育，事事皆为教育。育人不能只靠空洞的理论，要善于捕捉教育契机，找准教育的切入点，校园里的一草一木，学生的一言一行，都可以被用来当作教育素材。作为班主任，我们要有一双发现的眼睛，善于去发掘身边的这些育人故事、育人案例。这些素材因为来源于学生的日常生活，更接地气，更容易被学生接受，可以收到事半功倍的育人效果。

小习惯，大人品

案例描述

一次上课，我偶然发现赵悦同学削铅笔时，把一张纸铺在桌子上，削下的木屑、铅粉都放在纸上，削完后用纸包起来放在垃圾袋里。这是一种极好的作法，值得班里每个同学学习。于是利用下课前三分钟，我把赵悦的做法讲给所有人听，并立她为榜样，号召大家学习这种讲卫生讲公德的行为习惯。从此以后，班里把铅笔屑削在地上的人越来越少。如果有人忘了，同桌就会提醒他，或者直接撕一张纸帮他铺在桌上，教室干净了许多。

案例剖析

很多学生有乱扔垃圾的习惯，致使教室地面卫生很不整洁。有些班主任三令五申，经常讲道理做工作，班内卫生状况短时间内能有所改观，但是很快又会反弹，不能长久保持下去，这让班主任都很头疼。但是通过这件发生在班里的真实可见的小事，却让学生改变了乱扔垃圾的行为习惯。这让我深受启发：要让学生有所触动有所改变，不一定非得用一些轰轰烈烈的大道理、大事件去说服学生，小细节、小习惯也能让人心服口服，班主任要善于通过身边的人和事去发现、发掘德育教育的点，去教育、影响学生。

教育措施

一、大力表扬，树立榜样

班里讲卫生的学生并不少，但是像赵悦同学如此重视生活细节的人却不多见。她把纸屑放在纸里包好，并不是在老师的要求下被动去做的，完全是发自内心的主动行为，是基于平时日积月累的一种优良习惯，值得肯定和表扬。于是我把自己的感受分享给学生："良好的道德品质和行为习惯体现一个人的道德修养和教养。见微知著，事虽小，却真实地反映了一个人的品质，塑造高尚的品格就需要从点点滴滴、身边日常小事做起。大家要以赵悦为榜样，学习这种重细节、重习惯的好风尚。"听完我的话，全班都为赵悦鼓掌。我在班里高调表扬赵悦，既鼓励她继续努力，也带动了更多的人主动打扫卫生。

二、寻找美，发现美

赵悦平日表现得并不很出色，入学已近一年，在班里总是默默无闻，没给人留下难忘的记忆。但就是这么一个平凡的人，却通过一个不经意的小举措感动了我，让我发现了蕴含在她身上朴实的美。推而广之，班里有很多像她这样普通的学生，他们身上一定有着这样或那样的闪光点，有值得别人学习的地方，只是老师和同学缺少一双善于发现的眼睛，没有发现他们身上的美。所以，我决定以此为契机，在班里举办一个"寻找美"的活动，让大家主动去发现每个人身上的优点。通过这样的活动，让大家互学互鉴，在班里掀起弘扬正能量的热潮，让每个人都得到精神洗礼，成为一个更加自律、向上的人。

三、借事喻理，提高育人效果

古人说："一个坏习惯可以毁掉一个人，一个好习惯可以成就一个人。"好的习惯会影响我们一生，教育学生注意细节、养成良好行为习惯非常重要，能让学生终身受益，但很多学生却对自己的坏习惯不以为然。其实，很多人的成功，不是靠轰轰烈烈的大事，而是靠一些看起来微不足道的小事。但是，由于这些日常琐事大都是学生司空见惯、熟视无睹的，他们自己发现不了其中蕴含的教育价值，班主任在日常的班级管理中，必须将这些事及其本身的意义阐述清楚，让学生从中悟出自己应该具备怎样的道德修养，以此端正自己的品行。

在经历这件事之后，我越发意识到，一件很微不足道的小事，通过"借题发挥"，挖掘出它的教育价值，可以收获意想不到的教育效果。我尝试运用这种借事喻理、借题发挥的方式，让一件无意的事和一颗有意的心碰撞在一起，产生一个让学生深有感悟的育人故事，从而取得意想不到的育人效果。

教育反思

很多班主任只会空洞地说教，单纯地讲大道理，而不注重挖掘身边的故事，忽视了身边的榜样，结果教育效果很不理想。情商专家里查德·博亚特兹斯（Richard Boyatzis）认为，交流过程中，只讲道理，不谈感受，属于低情商的沟通方式，只会让别人厌烦，同时让自己难受。

既然空洞的理论、苍白的说教如此让人反感，我们为什么要做这种出力不讨好的事呢？习近平总书记曾说过："天边不如身边，道理不如故事。"把大道理浓缩于小故事，把大活动分化为小课堂，以身边故事感动人，用真情实意感染人，学生才能"听得进、记得住、做得到"，这样的教育才能真正"走心""入心"。

因势利导，迂回教育

案例描述

    王萱是 2020 级服装 2 班的一名学生，是半路转到我班的。刚来时，她简直就是一个刺儿头：军训期间顶撞教官，嫌军训太苦太累找借口逃避；上课期间玩手机，被任课老师抓住后死不承认，甚至顶撞辱骂老师；不服从班干部管理，安排的任务从来不干，对班干部工作指手画脚；上课不遵守纪律，经常说话扰乱课堂秩序；对学校班级组织的活动基本不参加，我行我素……几乎天天出状况。这些不得人心的行为导致她在班级中的人际关系很差，同学们都不愿意跟她交往。

案例剖析

    像王萱这样的孩子，并不多见，但是班里有这么一个也足以让我抓狂。多年的班主任经验告诉我，只有找到适合她的教育方法，让她信服你，她才能服从班级管理。经过一段时间的观察和了解，我发现这个孩子很聪明，个性强又极好面子，做事很有自己的想法和主见。这样的孩子，即使是犯了错，她也不认为自己错了。对这样的学生直接批评肯定是行不通的，反而会激起她的逆反心理，适合采取迂回措施，于是我采用了"曲线救国"的方式对其进行教育。

教育措施

一、探究问题根源，纠正其错误思想

对症下药方能药到病除，教育学生亦然。为了探究问题根源，找到教育王萱的最佳方案，我专门到她家里做了一次家访。通过家访我了解到，王萱父亲对孩子一直采用放养式管理，而且担心女孩子在外面会吃亏，从小就培养她的强势性格；夫妻二人关系不是很和睦，目前正在闹离婚，但是遭到孩子的强烈反对。孩子这一系列反常行为，除了从小养成的不良习惯以外，还有一些故意的成分。她想通过这种极端的方式来表达自己的抗议，从而引起家长的注意，达到阻止父母离婚的目的。通过沟通，孩子的父母也认识到自己的问题，在教育孩子方面也达成了一致：在孩子上学期间，不再吵架、闹离婚，夫妻力争和谐相处，共同关注孩子成长。同时，纠正孩子错误的思想意识，让其认识到作为一名学生，必须尊重老师，遵守课堂纪律，与同学和谐相处。

二、开展主题班会，强化其责任意识

针对班级中像王萱这样缺乏奉献精神和责任意识的现象，我组织了"班级有我""我为班级添光彩""责任与奉献"等一系列主题班会活动。在班会课上，我要求每名同学回忆一下自己曾经为班级做过的事情，然后上台讲述自己对班级的贡献，目的是让学生深切体会到班集体就是自己在学校的一个家，为自己的家服务是每个人的责任和义务，更是每个人的光荣。作为家庭成员，我们要热爱她，用心维护她。在学生上台前，我特别强调：为班级做过的好的事情可以大声说出来；对班级做过的不好的

事情就不用说了，自己默默记在心里就好。轮到王萱上台讲述的时候，她站在讲台上沉默了足足有两分钟。一向天不怕地不怕的她居然破天荒地脸红了，脸上露出羞愧的神情，难为情地看了我一眼，对大家鞠了一躬，便下了台。我知道这时候的王萱已经意识到自己的问题，也明确了自己的责任。这系列班会活动培养了全班同学的集体意识，增强了大家的集体荣誉感和责任感，让王萱这样的学生进一步明确了自己应尽的责任和义务，学会了如何正确处理个人的权利和义务、奉献与索取之间的关系。

三、抓住性格特点，激发其上进心

从表面上看，王萱性格非常强势，天不怕地不怕，丝毫不把别人放在眼里，可实际上她内心非常自卑，而她的虚张声势正是为了掩饰自己。她特别希望通过与众不同的表现来博得别人关注，得到别人肯定。洞悉了王萱的性格特点，因材施教就变得比较容易了。我注意到她对班级管理很有自己的想法和主见，就让她针对目前班级管理制度，提出一些合理化建议。她的建议很中肯很有价值，我则及时采纳并予以肯定。由于班规中融入了她的建议，而且也获得了她的认同，所以她自己也会自觉遵守。在一次月考测验中，她的成绩由原来的第 24 名前进到了班级第 9 名。我在班里对她进行大力表扬，并且打电话给家长报喜。随后，我与她进行了一次深入的谈话，肯定她身上的优点，同时也指出她的缺点，她不仅没有产生反感情绪，反而露出了灿烂的笑容。渐渐地，她在班级中的表现也发生了改变：开始主动打扫卫生，开始坚持做值日，开始上课认真听讲……我看在眼里，喜在心上，并趁热打铁，鼓励她再接再厉。她口才不错，表演欲也很强，我便推荐她参加学校组织的演讲比赛，结果她表现出色，取得了一等奖的好成绩。从此之后，她不仅上课纪律变好了，而且更加积极地参加学校、班级组织的各项活动。期中考试成绩跃居全班第 6 名。

教育反思

　　每个学生都有两面性，都有优点和缺点。作为班主任，当学生出现问题时，我们一定要静下心来，剖析问题的根源所在，找出解决的办法，并且一定要因材施教，因事制宜，不能一刀切，千篇一律，要针对不同学生的特点采取不同的教育方法，这样才能取得良好的教育效果。王萱的转变不仅促进了班级学生关系的融洽，也改善了父母之间的关系，使我体会到了做班主任的快乐，同时也更加坚定了我的工作方向。

亲其师方能信其道

案例描述

李航是 2019 级建筑 1 班的一名学生，是从私立高中转学过来的普高生。这名学生在初中时曾经学习很好，初一、初二基本保持在班里前几名。进入初三以后，因为疫情在家上网课，家长疏于管教，孩子迷恋上"王者荣耀"，从此成绩一路下滑。转入我班以后，仍然不爱学习，上课开小差、睡觉、说话，很少认真听讲，作业也不能按时完成。每次考试基本在班级的最后几名，让任课老师非常头疼。

案例剖析

李航非常聪明，能考上普通高中，说明学习基础很好，只是因为缺乏自制力，迷上游戏走了弯路，导致成绩下滑，然后破罐子破摔，自暴自弃。无奈之下，父母将其转入职业学校。这类学生只要教育方法得当，提高自控能力，一定会有一个光明的未来。根据李航的具体状况，我为他量身打造了一个全方位激励计划，以期对他进行转化和改变。

教育措施

一、动之以情，晓之以理

《学记》中说："亲其师，信其道；尊其师，奉其教；敬其师，效其行。"这句话道出了师生关系的重要性。师生关系和谐，学生才愿意亲近老师、尊重老师，才能心悦诚服地接受老师的教育、听从他的教诲；才能敬佩自己的老师，以老师为榜样，尊重他的做法。因此，作为老师，我们要真心对待每一名学生，要与他们谈心、交朋友，尽量缩小师生间的心理距离。

对于李航这个年龄段的孩子来说，直接批评或者跟他讲大道理，必然会引起他的反感，与我的初衷背道而驰。我和李航友好关系的建立是从聊天开始的。为了消除他的紧张和抵触心理，我尽量避免在办公室这种严肃的场合跟他谈话、聊天，一般都是利用课外活动时间，把他叫到操场上，一边散步一边谈心。通过聊天，我发现李航的思想品质很好，很懂事也很孝顺，是一个很有想法的孩子，这更坚定了我转化他的决心。聊天时，我从不会主动提及他所犯的错误，我们聊家庭，聊理想，有时也会聊聊手机游戏，在看似天马行空的聊天中拉近我俩的距离。李航很聪明，当然明白我找他聊天的真正目的。一开始比较排斥，慢慢被我的诚心感动了，主动向我敞开心扉，坦诚自己的错误。他觉得很对不起父母，觉得自己在浪费光阴，浪费生命。夜深人静的时候，他也曾暗暗发誓，要好好做人做事。可是，学坏容易学好难。他并非不想认真听课，只是知识缺失，已使他无法赶上老师讲课的步伐，以致像听天书一样越听越困；每次想发愤学习，看到别的同学在玩耍，总也按捺不住那颗骚动的心；每到周末拿到手机，所有的一切都被抛到九霄云外……总之就是自制力太差，大错不犯，小错不断。

李航能有这样的反思和认知，说明他的内心还是向上向善的。于是我俩约定，逐渐减少玩游戏的时间。在我的督促和指导下，他确实改变了许多，期间虽有反复，但整体效果不错。

二、树立目标，督促提高

在跟李航聊天时，我发现他还是有上进心的，只是暂时被网络游戏淹没了。俗话说，没有目标就没有方向，没有动力。李航现在明显缺乏学习动力，但他是一个很有主见的人，不喜欢让别人来左右他的未来，这就需要给他施加一点压力，让他自己寻找、确立航向。在跟他聊天时，我跟他分析了当前就业形势，让他明白不努力就没有好的前程，现在正是学本领的年纪，必须好好规划未来的发展。

李航的数学成绩很好，但是英语成绩就有点让人大伤脑筋了。于是，我给他提了一个要求，要求他这个学期必须把薄弱科目英语补上去，力争期末考试时英语能达到 60 分，班级名次从现在的第 43 名提高到前 30 名。他犹豫了一下，还是同意了。与此同时，我也跟英语老师做了沟通，让英语老师上课时予以适当关注。在我的鼓励和督促下，李航听课比以前认真多了，开始记笔记，有时上课还会主动回答问题。对李航的进步我非常欣慰，为了防止他三分钟热血，随后我又安排了班里学习成绩好、自律意识强的学习委员跟他结成帮扶对子，督促他学习。一学期下来，李航像变了个人似的，学习更加勤奋，课堂说话的毛病也改了很多。一分耕耘一分收获，经过几个月的努力，李航的学习成绩有了明显进步，到第二学期期中考试时，英语考了 62 分，总成绩已经达到了班级第 25 名。作为鼓励，我给他颁发了一个"成绩进步奖"的奖状。家长看到他的进步也非常高兴，奖励他出去旅游了一次。尝到甜头的李航同学从此更加勤奋，到了高二的上学期期中考试时，他居然考进班级前十名，一下子由班里的后进生变成了大家学习的榜样。看着他不断地取得进步，我由衷地感到幸福和欣慰。

教育反思

　　李航最初没有人生目标，没有学习动力，存在着"混日子"的心理，而且严重缺乏自制力，再加上处在青春期比较叛逆，如果直接对其进行说教，他定然听不进去，甚至会产生严重的对立情绪。因此，无论是班主任还是家长，一定要注意工作方式和方法，只有让他从心里接受你，他才会听你的话。尤其作为班主任，要想方设法激发学生的学习热情，帮其树立学习目标，让他慢慢意识到自己的错误，督促他不断超越自我，成为一个优秀的人。

勇于挑战，成就自我

案例描述

　　新学期开始了，原先服装班的两位班主任，一位调到了小学，一位调到了政府机关。学校原本就人员缺乏，现在又一下子少了两位班主任，领导捉襟见肘，决定把这两个班合并成一个班，让我当班主任。老班主任都知道，组合班的学生难管，班主任难干。这个烫手的山芋，没人愿意接。我最初以"刚毕业缺乏经验"为由拒绝了。可经不起领导多次做思想工作，无奈之下，我只能赶鸭子上架。

　　刚一上任，学生就给了我一个下马威。在开学的第一次班会课上，我跟他们说："同学们，从今天开始我就是你们的新班主任了，我们将在一起度过两年的高中时光，现在我们在同一条船上，希望在接下来的日子里，我们能够坦诚相待，共建我们美好的班级……"我充满激情，学生却反应很冷漠，班里稀稀拉拉的掌声仿佛在对我说："你跟我们毫无关系。"精心设计的开场白就这样被无情地浇了冷水，我唱了一节课的"独角戏"，尴尬地结束了这节班会课。

案例剖析

学生对我的"冷漠"，我其实完全可以理解：一是他们与原来的班主任已经相处一年，感情很深，半路换班主任学生都比较排斥，有些抵触情绪；二是新组建的班级是由原来的两个班组成的，这两个班原来就一直较着劲儿，你不让我，我不让你，现在大家组成一个班级，这股劲儿还是没有消失，彼此都比较别扭；三是刚毕业没多久，没什么工作经验，学生对我不是很信任，对班级未来的发展前景不够乐观。

教育措施

一、以静制动，以不变应万变

建班之初，我并没有马上任命新的班干部，而是召开了两个班的全体班委会，要求两个班的班委认真履职，分别以两个周为期限考察其管理能力，一个月后，根据表现由同学们投票表决班干部的最终人选。会上，我宣读了新拟定的班规，有异议的可以提出意见和建议。这些班委至少有一年管理经验，哪些地方容易出问题，哪些规则不合理，他们一清二楚。经过讨论修改，最后以举手表决的形式逐一通过每条班规。最后我特别强调，不准拉帮结派，搞小团体，如果发现两个班同学之间产生冲突，那就是班干部不作为，我将严惩不贷。为了树立威严，我特意板着脸开会。多年后毕业聚会时，班长告诉我，当时大家被我的气势震慑住了，再也不敢因为我年轻而无视我的权威。开完班委会之后，我又召开了一次全体学生会，公布了班干部们表决通过的班规。我告诉大家，任何人对这些班规都可以提出异议，然后大家一起以少数服从多数的方式表决意见；如果没有异议，就意味着认可了这些班规，彼此之间形成一种契约，每个人就要遵守约定。一个月考察期很快就过去了，最后我们以投票表决的形式确定了新的班委。在新的班委会上，我再三叮嘱他们，不要辜负了同学们的信任。在后来的工作中，他们也用实际行动证明了同学们的选择没有错。

二、因材施教，以真情触动真情

因为年轻，我精力充沛，干劲十足，只要一有时间，我就会深入学生之中，跟他们聊天，无形之中拉近了彼此的距离。时间久了，同学们有什么事情也会很自然地告诉我。通过聊天，我了解到以高宇为首的几个女生是班里的刺儿头，经常违反学校纪律，故意顶撞班干部，经常阴阳怪气地说风凉话，打击那些她们看不顺眼的学生，大家都敢怒不敢言。这个消息让我非常吃惊，因为在我眼里这几个学生都很乖巧听话，做事非常积极，见了我也很有礼貌，我实在没法把她们和刺儿头联系在一起，不禁产生了严重的自我怀疑。有问题就得解决，我假装不知道她们的所作所为，只是加大了对她们的关注力度。功夫不负有心人，从学生的只言片语中，我终于了解了事情的原委。原来，高宇个人能力很强也很喜欢表现自己，但因为是转学过来的，班主任已经安排好了班干部，她没了用武之地，很有一种怀才不遇的感觉。跟她玩得比较好的几个同学也觉得她的才能被埋没了，有点儿替她打抱不平。本来以为换了新班主任，自己可以有用武之地，没想到我是个求稳型的，根本没有选拔任用新的班干部，于是她就通过故意捣乱来发泄不满。我告诉高宇："你用错了方法，哪怕老师没有发现你的才能，你也可以毛遂自荐啊！而且，我采取的是民主投票的方式选拔班干部，假如你好好表现，总有同学会发现你的好而给你投票，而你却采用了极端的方式，与班干部对抗，你觉得同学们会认可你吗？记住，是金子总会发光的。"听了我的一番话，高宇羞愧地低下了头。我趁热打铁继续说道："有人愿意为班级出力，这是好事，我高兴还来不及呢，现在就给你一个展示的机会。"一听有事可做，高宇眼里立刻有了光芒。我告诉她，每次班长出去开会，班里纪律就很乱，问她有没有办法解决。她一口应了下来："放心吧，老师！这事交给我。"她果然很有办法，班里纪律好了许多。为了让她工作起来名正言顺，我任命她为班长助理，专门负责班长不在时班级的各项事务。终于有了用武之地，高宇倍加珍惜我给她的机会，协助班长把班级管理得井井有条。

三、团队合作，以活动增强凝聚力

这个班在合并之前是两个平行班级，从一开始就存在着一种竞争关系，你不让我，我不让你，现在合并了，虽然表面上和和气气，其实私底下暗自较着劲。从每次活动自动分组就可以看得出来，一班、二班泾渭分明。我意识到这个问题之后，就想方设法打破原来班级的界限，实现班级融洽。首先，我把学生的座位重新做了调整，有意识地把两个班的同学穿插在一起。同时，我在班里实施了经典行动促动法——"世界咖啡"，要求同学们前后左右六名同学组建一个学习小组，每个学习小组设一名组长，由组长带领组员在十五分钟内完成一个话题的思维导图设计，小组成员必须群策群力，全员参与。十五分钟后，除组长外，其余成员可以自由选择一个自己感兴趣的话题组成新的小组，如果出现人员分配不均匀的情况则由老师负责统一协调。新的小组组建以后，原来的组长负责解说原来小组的设计方案给新加入的成员听，新加入的小组成员则需要对原来的设计图进行补充、修正，以此类推。这项活动极大地激发了同学们的创作积极性和沟通热情，每个人都因自己的建议被采纳而高兴，参与的热情更高了，甚至变得健谈起来。一次活动下来，有些原先并不太熟悉的同学因为彼此的理念相同而有了更多共同的话题，有的甚至因此成了好朋友。经过半年努力，同学们终于不再说你们一班、你们二班了，而是变成了我们班。

教育反思

‧‧‧‧‧‧‧‧‧‧‧‧‧‧‧‧‧‧‧‧‧‧○

　　在接任班级之前，我瞻前顾后，唯恐辜负学生辜负学校，但当我全身心地投入时，才发现重组班级的管理并非那么难。所以在日常工作中，我们一定要勇于挑战，敢于突破自我。班主任若想"征服"学生，必须深入学生中去，与他们打成一片，既能拉近彼此之间的距离，又便于及时了解他们的最新情况。教育学生一定要严慈有度，该严厉的时候严厉，该温柔的时候温柔；同时，一定要注意工作的方式和方法。假如我因为有同学说高宇不遵守纪律，就不分青红皂白地将她批评一顿，不但不会让高宇认识到自己的错误，反而会更加激化同学之间的矛盾。尤其对于一个重组班级，一定要一碗水端平，不能厚此薄彼，要想方设法打破原有班级的壁垒，建立一个团结向上的班集体。

关心青春健康　成就出彩人生

案例描述

"姜老师，你们班的男同学又来我们班捣乱！"当学前教育二班班主任怒气冲冲向我告状时，我心里咯噔一下，心想："坏了，我们班的男孩子又闯祸了！"最近一段时间，我们班的男生隔三岔五就会送我一个"惊喜"："你们班男生三五成群经常聚在我们教师门口，对我班女生指指点点""我们班站队上体育课或去车间实习时，你们班男生站在楼上大声起哄""你们班 XXX 同学想追我们班 XXX，行为举止有点过分啊"⋯⋯诸如此类的投诉屡见不鲜，让我头疼不已，以致每次看到学前、音乐等班的班主任，我都要绕路走。

案例剖析

中职学校以专业分班，各专业男女生比例差别很大，比如说机电、数控、汽修、建筑专业以男生居多，而学前教育、会计、旅游、服装则以女生居多。学生的性别比例悬殊，加上他们正值青春期，易导致性心理不健康。我担任班主任的机电班 30 个人，只有 2 名女同学，男生比例高达93：7。班级学生的平均年龄为 17.3 岁，处于这个年龄段的学生，正处于逐渐认识和探索异性关系的时期。而班级性别比例的严重失衡，导致男生在女生面前做出一些不理智的行为，虽然这是男生希望引起女生关注的一种表现，但因为表现得不恰当、不得体而引起了女生的反感。

教育措施

一、开展性心理辅导

面对这个问题，很多班主任都束手无策，不知如何是好。我觉得应该及时开展性心理辅导。很多家长包括一些老师并不认同，总觉得面对学生讲这个问题难以启齿，其实性心理教育就是性道德教育。美国心理学家赫洛克把青春发育期意识发展分为四个时期：疏远异性的性厌恶期、向往年长异性的牛犊恋期、接近异性的狂热期、青春后期的浪漫恋爱期，高中阶段的学生属于接近异性的狂热期，他们有一种强烈了解异性的渴望与了解异性的冲动。尤其是中职学校，每个班男女生比例失调严重，导致学生把这种狂热或爱慕的心理推到了最高点。学生的早恋也主要是这个原因。因此，在中职学生中开展性心理辅导和性道德教育是非常必要的，而且应该是全方面、多渠道的。

二、帮助学生树立远大的理想

我按照理想教育的目的和原则，根据中职生的心理特点，运用灵活多样、特色有效的方法，如理论学习法、主题活动法、榜样激励法等，来帮助学生立三观、树理想、定目标。

三、分散学生注意力

组织丰富多彩的课外活动如组织羽毛球对抗赛、粉笔盒制作（钳工）

比赛、模特大赛、成语故事接龙赛等，来分散学生的精力和注意力。学生参加这些活动，既能锻炼身体，又能提高人文素养，从而使自己的综合素养得以全面提升。

四、开展正常交往

创造机会让学生多接触异性，了解异性，以减少对异性的神秘感。我联同女生班利用课外活动时间一起学习集体舞，邀请女生班级帮忙设计班级的板报墙报，向团委申请同女生班级一起参加志愿者活动……通过这些有意义的活动，让男女生正常交往交流，取长补短。

教育反思

在男女生交往方面，宜"导"不宜"堵"。不让男女同学接触，反而会激起他们之间的好奇心，会千方百计达成自己的愿望。相反，如果我们积极主动地予以正确引导，学生反而不以为然，会比较理性地对待异性。另外，班主任还要指导学生多阅读有关青春期的书籍，如《牵手青春期》《走出"性"的困扰》《藏在书包里的玫瑰》等，组织观看《山楂树之恋》等有关青春期纯洁恋爱的电影，积极拓展进行性心理辅导的有效途径。

作为一名职业学校的班主任，不仅要具备班主任的基本管理能力，还必须结合专业特点和班级特点，不断学习，不断创新，不断反思，促进自我更好更快地成长，有效推动班级建设，助力学生成就精彩人生！

试析早恋问题的解决方法

案例描述

孙同学和崔同学入学成绩都位于我班前十名。两人分别担任语文和数学课代表，平时表现都十分优秀，尤其专业课非常出色。孙同学的钢琴和舞蹈、崔同学的朗诵和唱歌都得到了专业老师的高度赞扬。期中考试崔同学考了全班第一名，孙同学位居第二。

原本以为他俩会继续努力，取得更好成绩，但事与愿违。有一次在校外，我碰见他俩一起逛街，举止亲密。我敏感地意识到，他俩可能"好"上了。随后我慢慢地发现他俩经常在餐厅一起吃饭，教室再也看不到他俩努力学习的身影，琴房和舞蹈教室更是不见他俩的踪影，期末考试时成绩单末尾出现了孙同学和崔同学的名字。再后来，两人因在操场行为过于亲密，被学生处通报批评。

案例剖析

针对孙同学和崔同学两人早恋的情况，我做了深入调查研究，发现造成他俩现状的原因主要有如下几个方面：

1. 家庭教育缺失。孙同学来自单亲家庭，父母离婚后，她一直和父亲生活在一起。父亲再婚，对孙同学在学校的事基本不过问，尤其是弟弟出生以后，对孙同学更是不管不顾。这让孙同学觉得自己就是个多余的人。她在家中很少说话，有时一两个周不跟父亲说一句话。崔同学父母常年在外打工，基本不回家，他常年跟农村的爷爷奶奶生活在一起。父母跟崔同学的交流主要依靠视频电话，而且很少嘘寒问暖，只有指责性说教，这让崔同学非常反感，从不主动联系他们。爷爷奶奶对孙子隔代亲，十分溺爱崔同学，对崔同学在学校的事一问三不知。

2. 错误的社会导向。近些年，一些校园题材的影视作品大受欢迎。可是这些影视作品都或多或少地涉及学生恋爱问题。班级中很多学生喜欢校园青春小说，这些无一不涉及早恋问题。这些文化产品在无形之中给学生渗透了错误观念，甚至出现了"校园的青春生活就得有个女朋友"的错误观点。

3. 自我要求过低。升入高中以后，学生面对较重的学习任务时，容易产生畏难和厌学情绪，没有做好努力学习的心理准备，把心思转向男女同学交往方面。

4. 渴望得到关爱。孙同学和崔同学由于都缺少父母关爱，有"抱团取暖"的心理，再加上两人都处于青春期，对异性存在好奇和向往的心理，来自异性的关心更会填补亲情的空白，让他们彼此产生好感，相互吸引。

教育措施

一、加大督促力度，转移注意力

分析这些原因后，我对他俩没有采取传统的、粗暴的批评和惩罚，也没有一味地对他们进行说教。因为扬汤止沸，是无法从根本上解决问题的。在课余时间，我分别找他俩谈话。谈话内容避开恋爱问题，只谈这段时间成绩下落严重，应如何提高成绩等问题。平时学习中我加大了督促力度，经常会在早读时抽查孙同学和崔同学其中一人的背诵，也会去琴房看他俩练琴，到舞蹈教室观看他们练习舞蹈，通过加压来转移两人的注意力。

二、从根入手，分头进行诊治

因为学校对早恋的问题处罚力度较重，我一直担心会给他俩造成伤害，所以从没把两人的事公布于众，只是旁敲侧击了一番。但是很多问题你不去碰，不代表它们不存在。孙同学和崔同学两人的心思并没有真正地放到学习上。即使表面文章做得很好，成绩也没怎么提高。反而在纪律方面，被学生处通报了好几次。我意识到祛病从根，必须让他俩从内心深处意识到早恋的坏处。于是我找孙同学进行了一次畅谈。我把她期中考试前后的行为做了对比，直接指出造成这种后果的罪魁祸首是早恋。我明确地告诉她，每一个阶段都有每一个阶段的任务。当前阶段，学生的任务就是完成学业，其余的事都应该为学业让路。

三、为理想而学，对人生负责

每一个人都应该有自己的理想抱负，孙同学的理想是当一名优秀教师。我问她如何实现自己的理想，孙同学陷入了沉思。我很明确地告诉她，当一名教师可能并不难，但是当一名优秀的教师并不容易，得有渊博的学识、卓越的能力，同时还必须有自律意识，要想有一个好的未来，现在就要做好人生规划，学生时期应该严格要求自己，努力完成学业，为将来打下坚实的基础。如果因为早恋荒废了学业，将一事无成，这是一种极不负责的做法。孙同学听了若有所悟。

第二天，我又找了崔同学。照方抓药，大体还是这些道理。只不过我加上男子汉的责任这一项，把男子汉的思想、对恋人负责的态度、什么是真正的爱情等观念传递给崔同学。

几天后，通过班里的"眼线"得知，他俩进行了一次长谈，相约毕业以后再续这份"缘"，现在要彻底收心，集中精力好好学习。终于，一切又回到了刚开学的样子，他们努力学习的场景让我很欣慰。

教育反思

早恋问题对青年学生来说已经不是一个新问题了，有相当一部分学生都或多或少地受过早恋问题的困扰。如何有效地解决早恋问题，值得我们中职班主任深入思考。在处理我班孙同学和崔同学两名同学早恋问题的时候，我有了一些深刻的感触。

回头来看孙同学和崔同学的早恋问题，老师发现后，不要采取粗暴的干预行为，也不要立即对学生进行关于早恋问题的说教。此时，两人正值"感情黄金期"，决不允许任何人说自己"伴侣"的坏话，对一切试图拆散他俩的话都持排斥态度。如果这个时候去干预，只能自讨没趣，所以我们要学会放慢节奏。

人的精力都是有限的，他俩将精力都放在谈恋爱上，学习自然而然就会受到影响，成绩下滑是必然结果，何况还会牵扯到触犯校规的问题。班主任找准切入点，面对面，心交心地跟学生谈，帮他们厘清问题的源头，促使其内心产生一些反思："这么做，真的是为对方好吗？"在老师的指导下，他们能慢慢找到问题的答案，改正错误也是水到渠成的事。所以早恋问题不是洪水猛兽，只要找对了解决方法，问题便可迎刃而解。

梦想路上，与你同行

案例描述

　　2020级学前教育专业一班共有学生45人，其中女生43人，男生2人，由于原班主任经常生病请假，学生常规纪律很差：平时上课经常会出现睡觉、说话、吃零食等现象；课间，则在教室或楼道追逐打闹、大喊大叫，严重影响其他班级；宿舍情况更为严重，经常因为床铺不整、地面不净、门后有垃圾、晚休说话等内务问题被学校通报；宿舍内部也不团结，先后出现了几次因琐事吵架、打架的事，给老师和学校领导留下了很坏的印象。高二开学，学校安排我接任这个班，我费了很大周折，才引领班级走上正轨。

案例剖析

　　针对上述问题，我做了深入调查和思考。之所以出现这么多问题，主要是因为大多数学生学习基础薄弱，缺乏学习兴趣。个别学生甚至存在厌学情绪，觉得自己上的是职业学校，学习好坏无关紧要，能混个毕业证就行。在这种观点的驱使下，学生上课只出工不出力，每天进了教室要么坐在那里发呆，要么就干些破坏纪律的事，不服从班干部管理，对老师没有敬畏感。学生大都不是平度本地人，第一次远离父母外出求学，失去家长管束，便开始放飞自我。没有学习目标，自制能力差，没有班级荣誉感，是这个班级学生的共性。

教育措施

帮助学生找到奋斗的方向，培养学生集体荣誉感，是班主任工作的当务之急，经过深思熟虑，我决定从以下几个方面开展。

一、确定班级目标

关注当下，放远未来，从三个维度设定班级目标：近期目标，课堂纪律严明，严禁上课睡觉、乱说话；中期目标，成为 2019 级优秀班集体；远期目标，全班每一个同学都成为全面发展的好学生。班级目标确立后，我又让每个学生根据班级发展框架制订了个人发展目标，而且定期分组分批和学生一起检查目标任务落实情况，促进学生自我改进。

二、培养优秀班干部

经过多次考察，我推选五名优秀的学生担任班委，培养他们谦虚谨慎、认真负责、公平公正的工作态度，通过举办各种活动，提高管理水平。我对班委严格要求，不偏爱，不护短，让他们做好学生的表率。

三、积极参加集体活动

对学校举办的各种活动，我都高度重视，动员学生积极参加。通过参与活动，同学加深了对彼此的了解，建立了深厚的友谊，自身能力也得到了锻炼和提高，班级朝气蓬勃地向前发展。

四、加强班级文化建设，培养良好的班风

班级文化是无形的教育力量，经过集思广益，我们一起将班训定为

"好问力行　正气向上"，以此激励学生好好学习，积极向上。

没有规矩不成方圆，要想班级有秩序，必须制定切实可行的班规。班级以量化分为奖励依据，由值日班委记录每日班级情况，并每日定时跟班主任汇报，增强集体意识，在点滴小事中记录班级和个人的成长。我主要抓好两点：首先严格请假制度。学生请假一律问清原因，对于和事实不符、不合情理的请假一律拒绝并做好思想工作，对于旷课、旷操、迟到现象严格处理，保证上课、上操人数。其次是严格手机管理。与学生签订手机合约，班级设置手机袋统一管理，班主任不定期巡查，发现违规使用手机者严厉处理，保证上课秩序良好。

五、加强学习指导

通过班会集体辅导和单独找学生谈话等方式，我把学业为先的理念灌输给了班里的每一位同学。把班里的学生分为 A、B、C 三个层次，为每个层次的学生制订了相应的学习方案，因材施教，让每位学生都学有所长。建立学习小组，加强团队合作，促进学生共同提高。

教育反思

学生正值青春年少，精力充沛，如果终日无所事事，他们可能就会把精力用到弯路歪路上去。所以在校园生活中，班主任一定要引导学生有梦想有追求，鼓励学生根据自己的兴趣爱好，积极参加社团活动，例如乒乓球比赛、书画大赛、校级辩论赛、趣味运动赛等，把他们的目光和精力聚焦到学业上，共同创建一个具有强大凝聚力的班集体，创建美好的前程。

家校共同架起一片教育的蓝天

案例描述

班里有一名叫张宇的学生，刚入学就以"每天需要和妈妈通电话"为由向我申请使用手机。可没过多久，她就因违反学校手机使用管理规定而被学生会没收手机。于是在晚自习期间她哭哭啼啼地找到我，让我帮她把手机要回来。作为班主任我肯定不能纵容学生错误的做法，便当场拒绝了，并对她进行了一番教导，使她认识到自己的错误。张宇对自己的问题认识深刻，当面向我做了保证，就回教室了。可是，仅仅十分钟后，我就接到了她家长打来的电话，说孩子刚刚用班长的手机联系她，在电话里哭着闹着要回家，要不上学了，不然就跳楼。

案例剖析

学生当面答应得好好的，转身却给家长打电话又哭又闹，像变了一个人似的。身为一名年轻班主任，我从没遇到这种情况，有点慌乱。我努力使自己冷静下来，对这件事进行了梳理，发现学生在和我谈话时非常配合，而和家长通电话后开始任性，为什么反差如此之大？显然与家长密切相关。家长是孩子的第一位老师，学生今天身上存在的一些不良习惯，多多少少和曾经的家庭教育有一定的关系。很多家长给予了孩子很不恰当的教育，盲目顺从孩子，跟老师唱反调，殊不知，这样做只会助长孩子的不良习惯，有百害而无一利。

教育措施

一、稳定情绪，及时沟通

我立即找到张宇，晓之以理，在家长的配合下稳住了她。第二天一大早，家长冒着大雾匆匆驱车赶到学校，我和家长进行了深入的沟通。家长非常感动，知道自己孩子身上存在的很多问题是与他们的家庭教育有一定联系的，决定和我一起帮助学生改正不良习惯，使其树立起积极向上的生活态度。我简单叙述了一下没收手机的经过，并说明学校对手机严格管理规定的原因。父母听完也承认，平时对孩子比较纵容，明知孩子对手机比较依赖，却没有采取有效措施进行管教，致使孩子性格扭曲。他们还向我讲述了昨晚和孩子通话的内容：张宇觉得手机被学生会没收了很委屈，向家长哭诉老师偏心不帮她，家长听后很着急，忽略了学生会没收手机是有原因的，于是给了孩子坚定的"支持"，这让她更加觉得自己"有理"，逐渐演变成前面的吵闹场面。通过交谈，该生家长清楚了孩子身上的问题，也认识到自己的错误，表示坚决支持学校的要求与规定。

二、积极肯定，提出建议

我对张宇的在校表现进行全面评价，通过列举具体实例来肯定其善良、懂得感恩等优点，同时表达了对学生的欣赏与关心。看到自己的孩子在老师的眼里并非一无是处，张宇父母的面色有些缓和，很欣慰。针对其家庭教育存在的问题，我很中肯地提出了一些建议：

1. 与家人达成一致，不要袒护和溺爱孩子，不要纵容孩子的错误，现在的小问题将来可能会演变成大问题，如果不及时改正将来会后悔莫及。

2. 不要只听孩子的片面之词，因为孩子思想不够成熟，不能正确理解学校管理规定，考虑问题简单而且一根筋，遇到问题家长一定要与老师及时沟通、联系。

3. 给予孩子适当的独立空间，尝试让她自己的事情自己解决。

家长与我的观点达成一致，决定携手共同教育张宇，我们互相补充一起做她的思想工作，她情绪慢慢稳定，心理状态好了很多，最后我建议她回家调整一天，以全新的面貌回归学校的学习与生活。

三、抓住契机，良性引导

在今后的日子里，我给予了张宇更多的关注，在我和家长共同引导、鼓励下，她进步很快，再也没有因为对手机的依赖而产生问题。得知她学过主持，我就让她当小老师领读，引导把她的聪明才智发挥出来。她学习兴趣越来越浓，上课经常能勇敢地举手回答问题，经常受到老师的表扬，在纪律上也有很大进步，第二学期还被选为班干部。

教育反思

单纯的学校教育远远不能满足众多学生身心健康发展的需要，必须与家庭、社会携起手来，构架学校、家庭和社会的育人网络。当孩子出现问题时，班主任要主动与家长取得联系，和家长共同承担教育孩子的责任。班主任和家长是利益共同体，是同一个战壕里的战友，只有共同面对学生教育中的种种问题，才能取得多赢的战果。

同一屋檐下

案例描述

　　课外活动期间，办公室的门被悄悄推开，王鹏低着头走了进来，他心事重重，欲言又止。王鹏属于自制力强，从不用老师费心的学生，对于他的反常表现我非常好奇。经过询问，我得知他在住宿方面遇到了麻烦。

　　王鹏在中考时因为身体原因有两门学科没有参加考试，致使中考成绩不理想，他一直心有不甘。进入我班后，他立志要考上本科学校，平日学习非常刻苦，课堂用心听讲，回到宿舍后想要抓紧时间休息，以保证第二天以充沛的精力投入学习。可是宿舍总有人不停地大声说话、打闹，王鹏深受其扰，在提醒了多遍无效后，他跟室友起了口角。结果事态越来越严重，现在他感觉室友的声音更大了，好像处处针对他，于是委屈郁闷的王鹏来找我，希望给他调换一下宿舍。

案例剖析

　　宿舍矛盾是班级矛盾的重灾区，处理不当，不仅影响学生之间的和谐，而且还会对当事人产生严重的心理压力，所以班主任必须高度重视。宿舍矛盾产生的原因主要有以下几个方面：

主观因素：个体发展的差异导致学生处理人际关系的能力不同。对于初次住校的学生来说，一部分学生能调整自己迅速适应集体生活，还有部分学生不能进行有效的自我调节，缺乏人际交往的技巧，自我封闭，不能正确表达自己，导致同学之间产生误会与猜忌，一旦遇到冲突就束手无策或是冲动处理。

客观因素：每个学生都是一个独立的个体，因为入学前的生长环境、所受教育不同，导致了学生之间在生活习惯、价值观等方面存在偏差。虽然学校有统一的宿舍制度，但是宿舍成员内部没有形成一套都认可的宿舍文化，缺少制度掣肘。

教育措施

一、稳定学生情绪

我耐心倾听王鹏同学的烦恼，对他的良好学习习惯予以肯定，安抚他激动的情绪，告诉他一定要冷静不要让矛盾升级。待其情绪稳定后，我又教给他跟室友沟通的技巧。

二、了解情况、查明原因

我分别与该宿舍的其他成员进行谈话，了解他们对宿舍集体生活的看法。结果发现其他几位舍友中，有两位性格大大咧咧，不拘小节，完全没有意识到这一矛盾的发生；还有三位反映说王鹏起床太早，对他们也造成干扰。

三、集体约谈

我将这个宿舍的成员都聚在一起，大家一块商讨、梳理矛盾根源，每一位成员都表达了自己的意见。我告诉学生遇到问题要学会正确的沟通，多考虑他人的感受，不要以自我为中心。谈话之初气氛有些紧张，随着大家的交流增多，气氛也慢慢活跃起来，大家都敞开心扉，畅所欲言，都意识到室友的优点和自己的不足。最后，其他几位室友肯定了王鹏努力奋斗的精神，愿意以他为榜样；而王鹏也感受到室友对他的友爱，表示自己会融入这个小集体中。整个宿舍自发制定了一套阳光向上的制度，在以后的日子里，再也没发生过争执和冲突，而且全体成员也呈现出奋发向上的精神面貌，形成了风清气正的宿舍文化。

四、班会团体辅导

以此案例为镜，在班级中举办"同一个屋檐下，我爱我的家"的主题班会活动。在班会上引导学生学会换位思考，体会他人感受，发掘舍友的闪光点，学会用积极沟通的心态解决矛盾。在大家的共同努力下，每个宿舍都形成了充满个性的宿舍文化和宿舍管理制度，班级的凝聚力也大大增强。

教育反思

大部分中职生需要寄宿生活，宿舍是他们在校生活的重要场所。大家朝夕相处难免会发生矛盾、冲突，当问题矛盾发生后，不建议给学生直接调换宿舍，因为这会给学生留下遇事逃避的错误导向。班主任要引导学生化解宿舍矛盾，帮助他们跳出自我的圈子，学会换位思考，构建个人生活、学习的生态平衡系统。

帮助和引导中职生处理好舍友关系，是班级管理工作的一项重要内容。班主任要未雨绸缪、防微杜渐，在平时的学习和生活中多关注学生的动态，积极引导。学生在宿舍产生冲突矛盾，属于正常现象。班主任既不要小题大做，也不能听之任之。通过指导，让学生自我沟通、自我解决，将矛盾扼杀在萌芽状态。同时，班主任要尊重个体的差异，不能听信一方言辞，对矛盾的双方都要予以充分尊重，并且要站在学生立场，充分为其考虑，让学生"亲其师，信其道"，对班主任提出的方法意见欣然接受。

送你一朵小红花

案例描述

大课间，教室里一贯是热闹的，充满了学生的欢声笑语，我微笑着看着这群可爱的孩子们，心情也跟着愉悦起来。突然，一个落寞的身影映入我的眼帘，他叫赵文，此时的他木然地望着窗外，整个人看起来失落又孤独。开学不到一个月，他已经请了两个星期的假。在班里，他总是独来独往，跟同学很疏远，班级的活动基本不参加。有热心的同学主动跟他聊天，他总是一副爱搭不理的样子。上课无精打采，有好几次甚至连课本都没拿出来。

后经多方了解，我才知道原委。赵文因中考发挥失利没有考上心仪的高中，心情特别沮丧，父母不仅没有安慰、鼓励他，反而多次数落、埋怨他，使得他更加失落颓废，于是便自暴自弃，想浑浑噩噩地度过这三年。

案例剖析

此案例反映出学生面对挫折时的心理建设问题。中职生正处于心理发展迅速走向成熟却未真正成熟的过渡时期，有限的社会经历和未完全定型的价值观使他们在面对挫折时，缺乏勇气和信心。而当孩子出现失误的时候，如果家长不能调整好心态，控制住情绪，一味地责怪孩子，会加剧孩子的挫败感，致使孩子容易一蹶不振、自暴自弃。赵文便是如此。

教育措施

一、用爱融化，主动沟通

了解到赵文的实际情况后，我便主动与其谈心，耐心倾听，深度共情，用爱心和耐心赢得他的信任。一开始，赵文并不愿意与我交流，消极应付。"山不过来，我就过去"，我主动走进他，循循善诱，徐徐图之，尽力和他处在同一情感频道，用各种方式向其传递老师对他的关切之情和尊重之心，让孩子感受到自己并不孤单，这个世界并不冷漠，一直有人在关心着他。

二、多方了解，家校合力

为了更好地开展思想教育工作，我及时与学生家长联系，深入全面地了解学生以往的思想状态、在家的表现情况、人生经历等，同时把学生的在校表现情况及时反馈给家长，与家长共同对学生进行抗挫折教育。通过与家长沟通，家长也开始认识到自己的问题，开始积极主动地与老师配合，在生活中多鼓励孩子，让孩子感受到被爱与支持。同时，我还通过班委和其他同学侧面了解赵文的习惯和性格，并整合这些信息，为他定制帮扶计划，引导他勇于直面困难，树立解决问题的信心。

三、综合治理，对症下药

针对赵文同学的情况，我拟定了"阳光面对、智慧引领、温情帮扶"的教育策略，以团体辅导与个体教育相结合的方式对其进行思想引导。我首先在班里组织"直面挫折、逆风飞翔"等主题班会。会前，我准备了大量素材。课堂上学生通过观看那些身处逆境仍自强不息、用微笑面对失败的榜样事例，大受鼓舞，竞相上台发表感言，赵文也受到了很大的触动。我还在班级里开展各种比赛活动，在丰富多彩的集体活动中潜移默化地引导学生正确面对挫折。慢慢地，赵文开始融入班集体中，和同学们打成一片，脸上的笑容也越来越多。同时，我还根据赵文的实际情况对他进行了个性化指导，帮其进行职业生涯规划，增强其对专业的认识、认同与热爱。未进入中职之前，赵文对职业教育的认识是片面的，甚至是误解的，他以为在中职就是混日子，可是来到职教中心后，看到这么多在中职逆风翻盘的优秀学生、这么多从中职崛起的大国工匠，看到国家为职业教育做的全方位的支持与鼓励，他的心灯又重新被点燃。

教育反思

中职新生因其尚未成年，并处在心理发展成熟的关键期，要尊重学生的心理特点，施以正确的教育。不少同学刚经历中考的挫折，对他们而言，激励和关怀非常重要，班主任要充分发挥团体辅导的带动作用和家长的合力效应，引导学生树立积极乐观的生活态度，培养他们敢于面对挫折的勇气和心理应对能力，共同引导他们渡过迷茫期。

学生对自己的职业规划容易有偏差，在失去目标的同时也失去了方向和动力。班主任要积极引导学生树立职业目标，对他们进行职业前景规划和自我定位教育，可以更好地帮助他们在迈入社会时处于有利地位，同时还要激发学生自主学习的"内驱力"，充分利用各种职业教育资源，融入工匠精神，拓展学生的职业规划广度，为懵懂的新生指明奋进的方向。

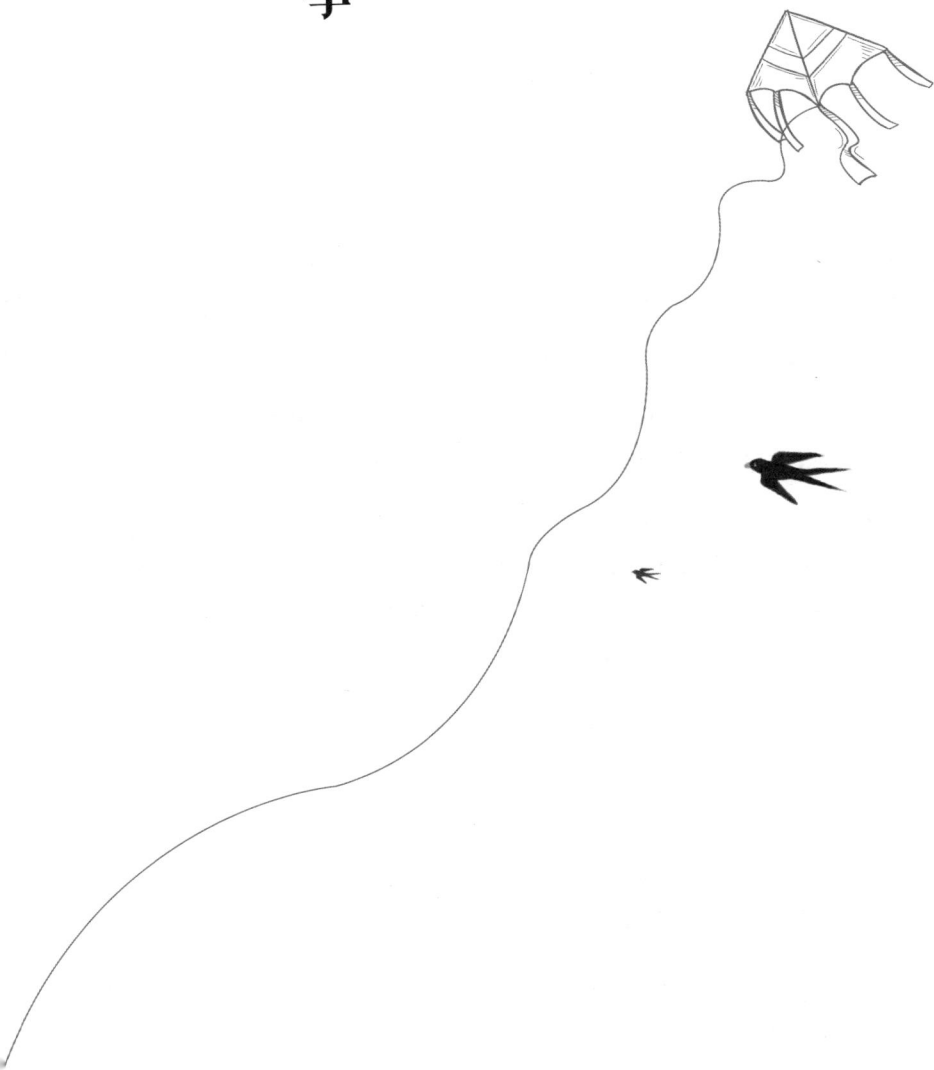

教育。/故事

教育的过程其实就是老师和学生之间发生教育故事的过程。尽管班主任工作平凡而又琐碎，但是当我们用宽容、真诚、关爱去观察、去体会时，会发现原来存在于学生身上的缺点并不让人讨厌，反而有那么一点可爱，而琐碎、繁杂的班主任工作也并不都是烦恼，也有绚丽和幸福。寒来暑往，岁月更迭，我们送走一批又一批学子，于是也书写了一段又一段感人肺腑的教育故事。

　　刚入校的中职生，与普高生相比，缺了一份自信和勇气；与初中生相比，多了一份迷惘和叛逆。所以中职班主任在传授学业之外，还承担着纠正学生不良行为习惯、辅导心理、培养品德等责任，育人的任务和压力比其他学段大一些，每天忙忙碌碌，处理一些鸡毛蒜皮的小事，颇有些无奈。但是当看到学生在我们的鼓励下变得更加阳光更加自信，看到他们因为我们的教育而小有成就，看到家长无比信任和感激的目光，我们心中的信念之火就会熊熊燃烧，再苦再累都觉得值！

　　花儿虽然明艳，但培育的过程并不容易。我们面前的学生，并非一直都是这么温顺可爱，昔日的他们有的曾经让父母暴跳如雷，有的让父母天天以泪洗面，还有的让父母日日惴惴不安。已经记不清有多少家长曾撂下狠话："我们不管了，他想咋样就咋样。"但是我们要管，不能让一个孩子掉队，即使丑小鸭没有变成白天鹅，也要让他成为一只快乐、进步的小鸭子。我们尝试着去读懂他们，因为这些十六七岁的孩子，内心敏感、容易受挫，我们努力发现孩子身上的闪光点，一点儿一点儿陪着孩子进步。

当了班主任，因为做学生思想工作耽误回家吃饭的经历是有的；学生生病、无故旷课甚至夜不归宿，半夜赶回学校的经历是有的；一心付出却不被家长学生理解从而苦闷流泪的经历是有的……经历风雨，迎来彩虹；静等坚守，花儿绽放，我们带着一届又一届学生奔向了远方。当年那个多次挑起事端的男生，毕业多年后发自肺腑地对老班说："感谢您当年没有放弃我！"工作是平凡的，故事是琐细的，我们在平凡中孜孜以求，我们在琐细中拨动心弦。

触摸这些感人的教育故事，我们深切地感受到其中的酸甜苦辣。这些教育故事没有华丽的辞藻，没有深刻的哲言，但却承载着教师们的美好回忆，倾注了教师们的全部心血。这些故事，记录的是班主任工作生活的点点滴滴，普通而且平凡；记录的是多年工作经验的总结，散发着智慧的光芒；记录的是班主任的成长经历，带着些许心酸；记录的是班主任育人成功时的欣喜；记录的是班主任教育失败后的反思。翻开教育故事，我们见证了学生的成长，同时也看到了班主任的成长。

肩上有责，心中有爱，努力耕耘，自迎春来。让我们一起享受故事中的真情，收获故事中的感动，演绎出更多的精彩故事。

梅花印

　　有些老师特别喜欢较真，活得特别明白，眼睛里容不得一粒沙子。可是世界不是非黑即白的，人也不是非好即坏的。尤其是我们的学生，他们的思想还未完全成熟，他们对世界的认知还不够深刻，他们的身上还有着这样或那样的劣根性。虽然他们并不完美，但是很多时候他们的初心其实并不复杂也无恶意。所以，对他们的过失，我们要学会宽容。

　　一天晚上我在教室值班，刘老师怒气冲冲地找到我，她的脸色苍白，手发抖，我被吓了一大跳，赶紧问她怎么回事。原来，学校要求把香店派出所的电话告诉学生，她就在黑板上写下了"香店派出所电话83305110"，第二节课，她一进教室，就看见学生嬉皮笑脸地冲她乐，几个平时就很调皮的学生提醒她看黑板。她回头一看，顿时火冒三丈，黑板上的"香店派出所"改成了"夜店派出所"。刘老师刚大学毕业，还没有男朋友，"夜店"两个字深深刺痛了她，她觉得这是对她的侮辱，便无法自控地跑出教室找到了我。待她稍微平复一下心情，我问她打算怎么处理，"绝对不能饶恕他，必须严肃处理！"她的态度很坚决。

　　我笑笑，让她平静一下心情，然后才说："有没有这种情况，学生本没有恶意，只是开玩笑过了火？"她愣住了，接着我给她分析我对这件事的看法。我不觉得学生是针对她的，因为她根本没批评过学生，学生也没这个胆量公开跟老师叫板，所以更多的可能就是学生开玩笑没底线，于无聊中制造一点刺激。她慢慢地平复了心情，开始认同我的观点。"那我该怎么办呢？"

"你装作回办公室拿个资料，回去随便跟学生聊点常规，然后装作不很介意地问问是谁做的，把他叫到教室外好好谈谈。不管他的动机是什么，你要装糊涂，要把这件事定性为开玩笑过了头。告诉他，夜店这个词负面影响很大，如果被人误会了传出去，会损坏自己的声誉。因为学生对夜店两个字很敏感，他们都会很关注老师会怎么处理，班主任必须给全班同学做一个交代，同样要晓之以理，要淡化夜店在大家心中的影响，告诉大家开玩笑要有度，用劝诫的口吻而不是责备。"

结果这件事处理得非常圆满，改字的学生明白这件事的错误之处以及它的严重性，跟老师道了歉，全班也都明白了开玩笑不能过分，要有底线，对老师他们更是打心眼里喜欢啦。倘若老师围绕"夜店"不依不饶，上纲上线，把他定性为道德品质问题，那么学生一定觉得很丢面子伤自尊，会和老师产生嫌怨，进而和老师对着干。而且"夜店"这个词可能会成为一个标签，学生一辈子都摘不掉。这样就违背了我们教育的本意。

所以班主任不能太过于较真，有时候息事宁人是化解矛盾的一剂良药，我屡试不爽。那我又是怎样找到这味良药的呢？这要回溯到我刚当班主任那会儿，年轻气盛，只会直着走路不会拐弯。

娇的手有些皲裂，姐姐给她买了一支护手霜"郁美净"。不知何时，这支手霜掉在了地上。阿军从旁边走过，一脚把那支护手霜给踩碎了，顿时，地上、鞋底还有包装上都沾满了，娇心疼不已，这支护手霜才刚用了三天。她从地上捡起来，用卫生纸擦了擦，里面还有一些，扔了太可惜。于是，她用卫生纸把外面的擦干净，拽住每一个从她身边经过的人的手，把护手霜涂在他们的手上。同学们都好像占了莫大的便宜，非常高兴地围过来任由她涂来涂去。

今天是李刚值日，负责擦黑板，可是他好像已经忘记了。他正伸着两只手，跟同位比对着谁的手更油亮一些。这时候，卫生委员喊了他一嗓子，他才如梦方醒一般想起自己的任务，赶紧起身去擦黑板。油亮的手指不小心碰到了黑板，留下两条油油的印痕，李刚觉得很好玩。索性伸出左手，又在黑板上随便点了几个点儿，刚刚擦过的黑板，还裹着一层淡淡的粉笔末，那几个油油的手印在黑板上特别醒目。李刚玩心大发，他将五个手指头拢在一起，然后在黑板上轻轻一点，留下的印迹特别像一朵梅花，特别美，他忍不住又点了几朵梅花。几朵逼真的梅花勾起了大家的玩心，于是班里几个好玩的学生，也一窝蜂地涌上来，在黑板上画起梅花来。这时，班里的大画家张浩也被吸引过来，说："你们先别画，稍等一下。"只见他拿起粉笔，在黑板上画起了一些枝枝节节。很快，他就将梅花树的树干、枝节勾勒出来。等他画完之后，笑着对大家说："你们就顺着这个枝干画，这样画出来就是一幅梅花图了。"于是，大家都按照张浩说的那样，顺着枝干用红色粉笔上了色，特别美。在大家的齐心协力下，这幅梅花图终于完成了。枝干强劲有力，梅花错落有致，大家都陶醉在这幅作品中。关键时刻还是班长及时清醒了过来，"赶紧擦掉吧，一会班主任还要上课呢。"

大家虽然有点不舍，可也没办法，只能擦掉。但是粉笔易擦，那些手印却出奇得顽固，怎么也擦不掉，他们只好作罢。上课铃响了，我拿着书走进教室。一开始我并没有发现，待到拿起粉笔开始板书的时候，才发现黑板上的梅花印。我皱起眉头，往讲台下扫了一眼，学生都镇静自若。我觉得气氛有点反常，平时如果我脸色稍微有些低沉，学生都会忐忑不安的。

我拿起粉笔擦使劲擦了擦，力图把这些小东西擦掉，可是无论我怎么卖力，这些小印子还是非常顽固地待在黑板上。我有些生气了，把书放到讲桌上，表情严肃地问："这是谁干的？"大家都没有吭声。看着我的表情愈加严肃，学生更是不敢承认了。"主动承认错误，我可以不追究她的责任。"我鼓励大家勇于承认错误，敢于担当，但是收效甚微，学生都默不作声。我的声音不禁高了三度："中午谁开的门？谁第一个进教室的？"先来的亚茹和陈倩站了起来，摇了摇头，说自己没看见。问班长，班长也说不知道；问团支书，团支书也说没看见。我顿时火冒三丈："拿出一张纸来，把你怀疑的名字写下来！"

可是无论我怎么问，大家都说不知道。我用了 N 种方法：排查法、检举法、投票法甚至罚他们集体跑圈……结果还是没有人承认。最后我却收不了场了，只能不了了之，弄得自己特别狼狈。事后，学生对我还是一如既往地尊重、喜欢，我依然对他们表达着我的善意，但是心里的结却一直都在。

学生毕业的时候，我依然对此事耿耿于怀。最后，还是班里几个关系不错的同学告诉了我事情的原委。学生说："老师，我们当时真的没有什么恶意，就是觉得好玩。当初同学都说别擦了，当作礼物送给咱班主任吧。大家都没想到您会那么生气，所以都不敢承认。"听完他们的解释，我颇有些惭愧，更多的是自责。多好的学生！从分享那一支护手霜开始，他们就在释放着人性中的真善美。那枝我不曾谋面的梅花，承载了多少学生的快乐，寄予了他们多少美好的祝愿！一个那么富有诗意的情景，竟然被我的小题大做和自以为是彻底毁了，我辜负了全班同学的心意！

从那时起，我就告诫自己：世上没有坏学生，只有顽皮的学生。老师要有一双善于发现的眼睛，去发掘他们心灵的美；即便他们犯了错误，也要告诉自己，他们并非本愿而是无意，人非圣贤，孰能无过？何况他们还只是个孩子，需要被宽容！

时光流逝，那个梅花印却依然清晰地印在我的脑海深处，每每想起，我依然自责不已。这个教训我将铭记终生，而它也会时时提醒着我，无论何时，都要释放自己宽容友爱的热忱，去善待青葱的蓓蕾释放的每一分心意；要永葆做人的纯粹无私，用温暖去拥抱一颗颗拘谨的灵魂。

对不起，我偷看了你的日记

生活中每个人都有自己的秘密，我们把它们深锁在心中，不想让人打扰。法律赋予了我们隐私权，这是对个体生命的尊重，也是对人格尊严的保护。尊重别人的隐私是一种修养，更是一种美德，可是我却没有将这种美德坚守到底。

信息时代，手机几乎成了孩子们唯一的玩具，它替代了电视、书籍等各种学习娱乐的工具，尽管它显而易见的坏处得到了家长的公认。雷夫·艾斯奎斯在《第56号教室的奇迹2》里告诫人们："电视正扼杀着你孩子的潜能。"电视切断了孩子的社交人脉，而每个沉迷其中的人都深受其害，而手机的坏处比电视有过之无不及。可是家长们一边在痛骂着手机的种种不好，一边忙不迭地为孩子更换最新款的手机。所以现在的很多孩子玩手机已经到了很痴迷的地步，严重影响了学习生活。为此，学校规定，在学校期间禁止拿手机，须统一上交给班主任管理。

在诸多的手机里面，张娟的手机显得"格格不入"，屏小、破旧，属于"古董"级别。这块不给力的手机引起了我对她的好奇和关注。她爱好读书写作，性格较内向，始终坚持每天写日记的习惯，这简直就是班里的一股清流，我打心眼里喜欢她。可每次看她紧蹙着眉头在笔记本上奋笔疾书，我总是非常地怜爱。十六七岁正是人生中最灿烂、最惬意的年纪，但是她的脸上却承载着与年龄不相称的沉重。

我一直想走近她，读一读她内心的苦闷，但是每次都被断然拒绝。寒假返校后，张娟的情绪更显低沉，几乎把自己完全封闭了起来，对以前的好朋友也懒得搭理。我曾试探着询问，可是一无所获。张娟的家庭情况我在开学初曾做过了解，她从小跟姥爷住在一起。爸爸妈妈重男轻女思想严重，在生下姐姐和她之后，一心想生个男孩。为了逃避计划生育，便带着姐姐迁到了莱西，却把她留给了姥爷。张娟一直对父母有些耿耿于怀，认为他们抛弃了她，所以她从不主动跟父母联系。她的少言寡语、孤僻沉闷的性格与她的成长经历有很大关系。

张娟的心理状态很糟糕，我心里隐隐有些担心，就安排班长平时多留心一下她。同事建议我去家访，跟家长沟通一下。张娟家住偏远的农村，交通不很方便，去家访得转两次车，下车的地方距她家还有五六里路，需步行。而我还是个"新手司机"，跑不了山路，家访的难度很大，得提前做好规划。

还没等我做好规划，班长就跑来跟我说，张娟已经连续好几个晚上都睡不着觉了，昨天她半夜起来在宿舍门口呆坐了好长时间。我的神经骤然绷了起来，张娟的事情刻不容缓，随时会出事，必须马上处理。我装作若无其事的样子，把她叫到宿舍，试图通过跟她聊天来了解她的内心。结果刚聊了没几句，张娟就坚决地说要退学。我问她原因，她用"厌学"两个字来敷衍我，然后便开始沉默。最后她打断了我的话："抱歉，老师，谢谢您对我的关心和教育，我知道您是为我好，但是我的心实在是太累了，实在走不动了，您就不要为我操心了。"她给我鞠了个躬，扭头走了。我追了上去，骗她说上午领导去市里开会了，要等到下午办完退学手续才能离开。她答应了，我有了半天处理的时间。

只有清楚她发生什么事，才能有的放矢地做思想工作。于是我向领导汇报了张娟的情况，并联系上了张娟的姥爷。但是，老人家崴着脚了来不了，而且他并不知道外甥女发生了什么事。没了线索，我一筹莫展。突然，我想起张娟有写日记的习惯，她的心思会不会在日记里有所流露呢？一个念头突然蹦出来，立马又被我打消了，作为一名老师，怎么能做这么卑劣的事呢？可任凭我绞尽脑汁也没想出一个靠谱的办法来，偷看日记的想法却越来越强烈。既然善意的谎言可以被原谅，那么出于帮助的目的而偷看日记也应该被宽恕吧？我一边这么安慰着自己，一边想着如何把日记"偷"出来。

于是我把三四节课调成了舞蹈课，让学生到舞蹈教室上课。教室没人，我就有了机会。我又叮嘱班长把教室钥匙藏好，期间任何人不准回教室。我把日记带回宿舍快速翻阅着，看完日记我惊出了一身冷汗。原来，春节期间，张娟的父母以姥爷年老多病为由，逼张娟退学打工。她打小就有一种被父母抛弃了的感觉，本来就对父母很有情绪，这回又不让她上学，她对父母的怨恨更深更重了。张娟是个很爱学习的孩子，可是姥爷确实无力供养她。为了上学，她跟父母好好商量过，也狠狠吵过，但父母毫不妥协。对比姐姐和弟弟的生活，同样为人子女，处境却有天壤之别。命运的不公，生活的拮据，让她找不到活下去的理由。正月初八晚上，对生活失望至极的她曾把双腿伸进了井里，又曾用刀子划破手腕……但最终还是放弃了。她决定读完自己最喜爱的四大名著，然后对姥爷尽尽孝心再走。而今，她只剩下一本《三国演义》了。

看完她的日记，我一方面被她沉重的述说压得喘不过气来，一方面又暗自庆幸，多亏我看了她的日记，可以阻止她做傻事，否则后果不堪设想。

中午，我点了外卖，把她和班长叫到了办公室和我一起吃午饭。期间我装作漫不经心地告诉她，我年前给她申请的贫困补助，校长已经同意，估计这几天就批下来了。如果她现在退学，实在太可惜了。张娟对生活的绝望本来就是因为生活中的种种不愉快长期累积导致，但压倒她的最后一根稻草却是不能上学。果然，听完我的话，她的眼睛里有了一丝丝亮色："学校能补助我多少钱？""每年国家都会拨一部分贫困补助金资助家庭困难的学生，你符合申请条件，我便给你申请一个名额。鉴于你家的特殊情况，学校同意你可以提前预支，等贫困补助金发下来再还给学校。另外，学校再额外补助你 500 元，大概 2000 元吧。"得知这一学期的生活费有了着落，张娟的情绪明显好转了许多。我又接着说："如果你愿意，我可以跟食堂打个招呼，你下课后到食堂去帮餐。食堂管吃，这样，你就可以省下一笔生活费。""这样可以吗？""可以啊，我问过了。"张娟脸上有了笑容，满眼都是感激。然后我跟班长一唱一和，张娟终于答应不退学了。

为了彻底解除张娟的后顾之忧，我决定跟她父母好好沟通一下。我费尽周折联系上了她的父母，把孩子目前的悲观情绪和这种情绪可能产生的后果客观地分析给她父母听，最后家长答应不再逼她退学。

张娟又能在校园里快乐学习了，这是个懂得感恩的孩子，她说这份恩情会终生铭记，自己现在无以为报，唯有好好学习来报答我和学校对她的帮助。

看到她开心我也很高兴，但我内心一直有个"心病"未除，决定跟她坦白："对不起孩子，我曾偷偷看过你的日记。"她难为情地笑了："老师，对您我没有秘密。"我也笑了。

鲜花和掌声是我所期望的，但是跟一张笑脸相比，它们都黯然失色，都太微不足道了。

习　惯

　　2017 年秋天，我接任一个新的班级，担任 2017 级幼师高考 1 班班主任。按照以前总结的那套管理模式，我每天早晨早自习，早早地来到教室，看学生是否到齐，是否有迟到早退现象；匆匆回家吃完饭，又匆匆赶回学校直奔宿舍和卫生防区，检查一下同学们的卫生打扫得怎么样了，发现问题立马调度整改，直到符合标准为止；预备铃一响，我马上回到教室，看看同学们是否在认真朗读，有没有应付……忙完了这一套，就开始了紧张的备课、上课、批改作业。这期间还要时不时地到教室溜达一圈，看看有没有同学上课睡觉、玩手机，有没有同学闹矛盾……下了晚自习，很多人以为终于可以松一口气了，然而并没有结束，我得去查宿舍，了解一下学生是不是都按时回宿舍了，有没有按时睡觉，有没有夜不归宿……忙碌的一天在甜甜的睡梦中结束，第二天又开始了周而复始的工作，整个人像一个不停旋转的陀螺。刚一开始，我的确觉得很累，慢慢地这些都成为一种习惯，也就不再觉得累了。

　　有一天，这种平衡被打破了。原因是学校安排我到浙江出差学习，一出去就是两个周，我很担心好不容易给学生养成的好习惯，会因为这次出差被打回原形，这样我前段时间的努力就白费了！但是没办法，军令如山。临走之前，我召开了一次班委扩大会议，对他们千叮咛万嘱咐，生怕我不在的这段时间，他们给我闯祸。他们笑着说我像一个唠叨的老妈，最后他们拍着胸脯向我保证，让我放心地去学习，家里就放心地交给他们了。

不放心也得放心，毕竟鞭长莫及，远水救不了近火。于是，在出差的那段日子里，我天天手机不离手，生怕班级有什么事。每次看到带有"0532"字样的电话号码或者来自"青岛"的手机号码，我就会莫名紧张，总是担心是不是班级出了什么事。尽管班长每天都会跟我汇报工作，但我还是担心这些孩子报喜不报忧，有什么事情瞒着我。

事实证明，我的担心是多余的，我不在学校的这半个月时间里，班干部各司其职，班级各项工作开展得井井有条，甚至比我在的时候还要好，连任课老师都说："你不在的这段时间，我发现咱班的孩子更懂事了。"我很惊讶，问他们这是为什么呀，孩子们回答得也很直接："因为不想给您丢脸啊！"

后来跟孩子们聊天，我才知道，原来我的那一套管理方法，已经被班干部掌握了精髓，同学们也早已经养成习惯。他们会自觉地在早晨 5 点钟起床，整理宿舍，打扫卫生，上早自习……在班长的带领下，每个班干部都各负其责，管好自己的分内之事。同学们也非常配合，每一项工作都做得很好。因为他们知道一旦做得不好，惩罚措施是很严重的，而他们不想尝试。久而久之，他们对自己的要求标准也高了起来，不再敷衍了事：被子一定叠成"豆腐块"，床单一定抻平了；卫生防区每一个卫生死角都不放过；教室的课桌和课桌上的书必须摆放整齐，而且桌面上的书不能超过10 厘米；讲桌必须整洁干净，黑板槽必须无尘……

所以，后来我去不去检查都是一样的。"老师，你没发现惩罚我们的机会越来越少了吗？"一个学生调皮地问我。我仔细一想，还真是这么回事，原来在我不知道的时候，他们已然养成了习惯，并且保持得很好。一直以来，是我不太相信他们能做好，所以才一直没有放手。而我的这次出差，正好给了他们证明自己的机会。通过这次出差，我也明白了学生的潜力是无限的，千万不要低估了他们。只要给他们搭建一个平台，他们就会带给你意想不到的惊喜。

鼓励和肯定可以成就一个孩子

他叫张涛，是 2016 级计算机一班的班长。高一高二是在侨中上的，到了高三，转到了我们班。在和侨中老师交接的时候，老师很善意地提醒我说，张涛这个学生很刺头，你要注意一些，他很会煽动学生情绪，别被他牵着鼻子走。

张涛刚来的时候很听话，也很有礼貌，似乎想给我留个好印象。通过一段时间的观察，我发现这个孩子很聪明，情商很高，交际能力也不错，来了没几天就和我班学生打成一片，而且相处融洽。

这孩子似乎具有天生的领导能力，稍加引导，绝对是个搞管理的好苗子。我决定好好培养他。在正式任命他之前，我跟他进行了一次促膝长谈，对他在原来学校的表现只字未提，只是充分肯定了他进入这个新班级后的表现，当我表示希望他能担任这个新班级的班长时，他很惊讶，脱口而出："老师，你这么相信我吗？我们原来的班主任……"我打断他的话，接着说："不管你在原来的学校表现怎样，我只看你的现在和将来！我相信自己看人的眼光不会错，我也相信你有这个能力。"他很受感动，信心满满地说："放心吧，老师！我绝对不会辜负您的期望，会证明你没有选错人。"

在以后的工作中，张涛的确以自己的实际能力证明了我的选择并没有错。在他的带领下，我班各项活动均走在全校前列，被评为先进班集体。

别的同学到了高三，都不愿意担任班干部，怕影响自己的学习。而张涛却用实际行动向我们证明了担任班干部工作不但不会影响学习成绩，反而会促进学习成绩的提高。刚进班时，张涛是班里的十七名，后来他的学习成绩不断进步，最后一直稳居班级前三。这些成绩的取得除了他自身的努力之外，还有来自老师的肯定和鼓励。在学期之初，我对这个孩子做过一次全面的成绩分析。我发现他有点偏科，语文和英语成绩不错，基本属于班级前几名，但是数学和专业理论成绩相对比较薄弱，需要在这两门课上多下功夫。于是鼓励他说："以你的聪明，一定能把这两门弱势学科撵上去，我相信你。"我的一句"我相信你"，再次让他热泪盈眶，他重重地点了一下头，算是对我的承诺。以后的日子里，每次课间操总能在办公室里看见他找数学老师问问题的身影；每天早晨 5 点，别人还在睡梦中的时候，他已经早早地起床来到教室上早自习了，而且这个习惯一直坚持到高考。我很佩服他的毅力。功夫不负有心人，在他的刻苦努力下，学习成绩有了很大的进步！连他以前的班主任都吃惊地说："这孩子转性了啊！"而他原来班的同学则调侃他说："这还是我们认识的'小霸王'张涛吗？"

有一次，我调侃张涛说："还真没看出来你有当'小霸王'的潜质。"他一开始是笑着的，可是笑着笑着，他的眼圈红了，他向我讲述了他小时候的一段经历。原来上小学的时候，张涛是个特别可爱的孩子，长得帅气，学习成绩好，很受老师和同学们的欢迎，他每一天也过得很快乐。可是，不知道从什么时候开始，爸爸妈妈开始经常吵架，三天一小吵，五天一大吵，他曾经苦苦地哀求他们，求他们别吵了，他一定乖乖听话，可是没有用，他们还是不断地争吵。终于有一天，他们不吵了，因为他们离婚了。那时候，他觉得天塌了，整个世界都是灰暗的。当时正赶上他处在青春叛逆期，于是打架、逃课、谈恋爱、文身、上网吧打游戏……所有老师和家长不让做的事情，他统统都干，目的就是为了引起家长的关注。他

"小霸王"的名号也就是那个时候得来的。而他的目的确实达到了，父母开始关注他，甚至为了他又复婚了。然而，他的成绩却没有回到原来的水平，一直在不断地下降，成了班里的吊车尾。老师也不再关注他，看他的目光也是冷冷的，有时候甚至用语言讽刺、挖苦他。他用杀敌一千自伤八百的办法，换来了父母对他的关注，却也几乎毁掉了自己的前程。后来来到职教中心，是我的信任和赏识、肯定和鼓励，让他重拾自信，让他觉得自己还是一个有用的人，觉得自己的前途无限光明。他现在特别后悔，觉得特别对不起自己的爸爸妈妈，尤其是看到爸爸妈妈在他面前小心翼翼的样子，他就特别难受，觉得自己是个彻头彻尾的浑蛋。

后来，张涛考上了自己心仪的大学，他的父母特地到学校来感谢我，感谢我的信任和鼓励让孩子发生质的转变，变得自信、懂事、有礼貌，让孩子有了一个美好的未来，同时也让他们对职教中心的教师有了一个全新的认识。其实每个学生的心中都有一块待开垦的荒草地，只要我们用心去耕耘、去浇灌，就一定会取得丰硕的成果。

只有了解，才能懂得

这已经是他这节课第二次趴在桌子上睡觉了。他叫韩杰，一个平日里沉默寡言、性格内向的学生。我有些无奈地摇了摇头，走过去轻轻拍了拍他的肩膀，他睡眼惺忪地抬起头看了我一眼，又匆匆把头埋下了，在他低头的一刹那，我发觉他的脸红了。

下课了，我对他作了一个手势，暗示他跟我到办公室去。他心领神会，跟随我来到了办公室，头埋得很低，俨然是一个知道自己闯了祸等待惩罚的孩子。我示意他坐下，他拘谨地看了我一眼，并没有坐，而是把头埋得更低了。我忍不住笑了，搬来一张椅子放到他身旁，他不好意思再拒绝，硬着头皮坐在了椅子的一角，很不自然，后背有些僵硬。谈话从他的家庭展开，慢慢地，他不再拘谨，说话也不再嗫嚅，甚至有些侃侃而谈了。

从谈话中我了解到：他一家四口，爸爸、妈妈、姐姐和他。爸爸妈妈在开发区开办了一家小型工厂，平日里忙于业务，几乎很少回家。姐姐在汽车站附近开了一家个体旅馆，也无暇照顾他。平时家里只有他一个人。在上小学六年级的时候，他就已经会做饭、洗衣服了，最拿手的是下方便面。看着眼前这个男孩，我在同情他的同时也很佩服他，这么小就学会了独立。我问他一个人在家寂寞吗？他回答得出奇平静，说自己很早就习惯了。在问及他初中时的学习情况时，他沉默了一会。原来在初一时，他的学习成绩很不错，是班级前三名。可是成绩好有什么用？照样换不来父母的关注。有一次，他得了"三好学生"奖状，兴高采烈地在家做好饭等着他们回家。可是，爸妈回家后连饭也没吃，匆匆地拿了几件衣服就走了，等着他从书房里拿出奖状的时候，家里又只剩下他一个人。他哭了整整一个晚上。从那以后，他开始故意逃课，希望能引起父母的注意，可是父母还是没有把他放在心上，照样每天忙忙碌碌。慢慢地，他玩得上了瘾，逃课成了家常便饭。班主任老师在做了几次家访无果的情况下也放弃了。一个学期下来，他的成绩直线下降，从班级的前三名一下子跌成了"吊车尾"。后来，他也意识到自己的错误，开始用功学习，无奈功课落下太多，他中考落榜了。父母的漠视和中考失利的打击使他变得越来越沉默，越来越不喜欢学习，甚至不知道自己活着的意义是什么。于是，开头出现的一幕就成了常态……我们俩越谈越投机，最后他连自己的兴趣和爱好甚至小秘密也告诉了我。从他的口中得知，他从小就喜欢看书，尤其喜欢看文学名著，至今已经看了不下几十本古今中外的名著。之所以会在课堂上睡着了，是因为昨天刚从同学那里借来一本《哈里·波特》，晚上看得太入迷了，以致忘记了时间，一夜未睡。

得知事情原委，我原谅了他。而且，我知道尽管他平日里好像什么都不在乎，但在内心深处，还是渴望上进、渴望得到别人的认可。我决定给他机会让他在同学面前展示自我，重拾信心。我在班级里举行了以"谈读书助我成长"为主题的班会，除了给他一个展示的机会外，我也想让他带动全班掀起读书的热潮。会前，我特意请他作了准备发言。会上，他一改往日的沉默寡言，一口气给大家介绍了七、八本名著的故事梗概，并谈了自己读书的心得和体会。他讲得滔滔不绝，头头是道，同学们也听得津津有味，台下不时响起阵阵热烈的掌声。他的发言得到了大家的认可，他成功了。继而我鼓励他把这方面的成功迁移到学习上来。经过一个学期的努力，不仅学习成绩提高了，人也变得自信、开朗了。

　　学生犯了错误，老师批评教育是应该的，但一定要注意方式和方法。方法得当，会事半功倍；方法不当则会弄巧成拙。比如韩杰，假如我在没有了解事情真相的情况下，不分青红皂白地在课堂上批评他，我不敢想象带有叛逆情绪的他是否会因此性格变得越来越孤僻，而我也可能永远不会走进他的内心世界，永远不会发现他身上的优点。因此，要想做一名成功的班主任，首先必须了解学生，发现学生的特长和优势，然后才能因势利导、因材施教。

爱助推她自信成长

刚接班时，班里的一位叫张英的学生引起了我的注意。她，眼睛亮亮的，但却从不敢和老师对视，习惯性低着头，说话的声音也很小，非常不自信。我很纳闷：现在的孩子即使犯了错也很少低头，她为什么会这样？这样的孩子往往内心敏感，经验告诉我，不能贸然找她谈话，要等待合适的机会。很快机会就来了，新生入学籍需要报一下家庭情况，学校特别强调要掌握贫困生、身体残疾、孤儿等特殊学生的家庭情况。摸排中她悄悄告诉我，她家是建档立卡户，她爸妈都是残疾人，爸爸有严重的听力障碍，妈妈患有小儿麻痹症。她低着头，脸微微红着，一副难为情的样子。我心中的疑问找到了答案，真诚地对她说："我教过的好几名学生，从小就没有了妈妈或爸爸，你比他们要幸福。"我接着说，"老师发现你多次主动打扫班级卫生，我觉得你是一个关心班级热爱劳动的孩子，老师看好你哦。"她抬头看了看我，有点羞怯地笑了。她很善良，但不够自信，甚至有点自卑，我要让她抬起头来，自信地学习和生活。

张英还告诉我，家里条件很差，自己也不知道父母有没有能力供她顺利上完学。看着她满眼的忧虑，我很是心疼。没有对比就没有伤害，在班里，有多少孩子自己不愿意上学，是被父母逼着来上学的，而她却是无比渴望上学，却因为家庭经济条件不允许担心自己没学上。我决定首先帮她打消这个顾虑，找到国家关于补助中职学生的相关政策，读给她听。我轻轻拍拍她的肩膀，让她放心："现在国家对职业教育非常重视，在学校里，你每年会享受两千元的助学金，将来上大学也是免学费的。你爸爸妈妈虽然身有残疾，但作为建档立卡户，党和政府会特别关注，定点帮扶的。你不需要担心爸爸妈妈，对未来的生活要充满信心。"至于个人的生活费，我问她每天放学后是否愿意去食堂帮忙，我可以帮她联系一下。去帮忙的孩子食堂统一管饭，可以免除生活费。她高兴地就要跳起来，对我谢个不停。解除了后顾之忧的张英更加努力，慢慢变得乐观起来。

要想让她真正挺起胸，自信地生活，必须让她从内心接纳自己的父母，而不是羞于谈起自己的父母。我了解到她的父母虽然残疾，但自立自强，每天辛勤地在地里劳作，对自己的女儿也特别疼爱。家访时，我看到她父母的目光总是落在自己女儿身上，满是关爱，满是喜悦，比一般父母对孩子还要深情。而她也是一个非常懂事的孩子，擦桌子、倒热水，不停地忙着，偶尔瞅一眼父母，又飞快地看看老师，好像担心爸爸妈妈做出什么不妥的行为，又好像在揣测老师对她这个家庭会有什么样的想法。说实话，没家访之前，我还担心她和父母之间的沟通交流问题。到了她家里，我深切地感受到这是一个亲情浓郁、温馨幸福的家庭，她并不缺少父母的关爱。不但如此，她还有一位好舅舅。舅舅也非常关心她，把她当作自己的亲生女儿一样疼爱，对她嘘寒问暖。尽管在工地上干活很忙很累，但每次开家长会他必定会来，关心她在校的学习和生活；家长群里，舅舅与其他学生的家长一样，及时回复老师。我跟她说，你很幸福，你拥有一个温馨的家，亲人们都很爱你。她动情地说："我也爱我的爸爸妈妈和舅舅，但是，以前怎么没发现他们其实很优秀呢？"她脸上的笑容越来越多，与同学交流时，也不再避讳，时常会提及自己的父母和舅舅。她能理解自己父母和舅舅的不容易，她长大了。

作为班主任，我有责任、有义务让她在学校成长成才。亲人的关爱、老师的关心、同学的友好，都给了她无尽的学习动力，她学习努力上进，进步很快。为培养她的责任感和担当意识，我安排她担任教室值日小组长。开始，她有些迟疑，怕自己干不好，辜负了老师的信任。在我的一再鼓励下，她有点忐忑地接受了任务，带领小组成员每天认真地打扫卫生，教室清新干净。对她的出色表现，我在班上多次进行表扬。得到老师肯定的她，性格变得越来越开朗，在发现老师注意她时会微笑以对。一次，她主动来到办公室，告诉我有些同学课间在教室吃瓜子，她认为这种现象很不好，让我在班里强调一下。对此，我大加表扬，这极大地增强了她的责任心和自信心。以后，班里再出现问题时，她便会主动找我反映，每次我都让她提出自己的合理化建议。后来她又主动请缨，担任了班里的生活委员，工作尽职尽责，让老师省心了很多。现在，她每天学习工作忙忙碌碌的，但总是精神抖擞，学期末她被评为校优秀学生。作为班主任，看着她快乐自信成长，我也由衷地体会到了育人之乐。

一步步走近你

　　作为新生班主任，我会关注着班内每一个学生的变化：小雪越来越开朗，她能够和自己的同桌悄悄交流了；赵悦看到地上有垃圾，主动打扫了卫生；小楠开学以来跑操不积极，总找理由逃避……我认真观察着全班 40 名同学的表现，思考这些问题的解决办法。

　　小宇是一名瘦弱的男生，性格比较开朗，和同学相处比较融洽，但他上课常常趴着，问他原因，回答说感觉浑身无力。我让他去医院瞧瞧，可他说自己一直就这样，医生说没问题。我悄悄向他的同桌李瑞了解情况，李瑞告诉我说小宇有时不吃饭。为什么会这样呢？小宇的衣服和鞋都比较新，并且昨天课外活动时，我看到他刚收了一件快递，是网购了一双鞋，家境应该不错。难道是现在的孩子特别要好，为保持好的体形而不吃饭？我决定找他谈谈。"小宇，老师发现你有时不吃饭，为什么呀？"我关切地问他。他脸有点红，淡淡地说："我有时不太想吃。"我认真地说："你现在正是长身体的时候，不吃饭会影响身体发育的，如果身体不健康，又怎么谈得上美呢？"我给他详细讲述了不吃饭的危害，他点头保证以后一定会按时吃饭。后来我发现他明显比以前有力气了。找到了问题所在，我就经常督促他按时吃饭，慢慢地浑身无力的症状没有了。

　　过了一段时间，周末休息返校，我发现小宇竟然打了耳洞！学校明文规定学生上学期间不准打耳洞，这个问题我多次在班里强调过，同学们一直遵守得挺好的，小宇这次竟然公然顶风作案！我非常生气，把他叫到办公室询问原因。"早就想打了，感觉好看。"他依旧一脸淡然地说。"为了好看，就可以无视学校纪律吗？再说，一个男孩子打耳洞好看吗？我们上学是为了学习，不是来标新立异来玩的。"我让他马上把耳钉取下来，看到我很生气，且态度坚决，小宇没有再坚持。

但他确实不是让人省心的孩子，这不，又惹事了！下了晚自习，他和几个同学在宿舍喝啤酒，被值班老师抓了现形。后来跟他妈妈交流得知，他在家里也很少与父母交流，并且性格倔强。上初中时，有一次因为妈妈批评了他，他竟然三天三夜没回家。至于去了哪里，妈妈到现在也不清楚。这样一个问题学生，确实令人头疼。

作为班主任，我不能放弃任何一个学生。利用休息时间，我进行了一次家访。他的父母临时有事，我到他家时只有他一个人在家。他家的房子，从外边看是四间大瓦房，还挺不错的，可是进门一看，我便愣住了：家里没有一件像样的家具，挂的窗帘破了好几个洞。站在他的家中，有一种很冷清的感觉。后来聊天中得知，他爸爸前两年得了股骨头坏死，因为治病几乎花光了家里所有的积蓄，以至于家里的房子还没盖完就不了了之。但他爸爸要面子，不让对外说。而且因为病痛的缘故，他爸爸的脾气越来越坏。任何现象的背后总会有原因的，如果不是这次家访，我不会知道小宇家里生活得如此艰难，小宇肯定也会像他爸爸那样，不会告诉我真实的家庭情况，而他在学校的很多出格的表现其实都是在极力掩盖家庭的真实情况。

回校后，我马上帮他申请了贫困生资助，然后给他找了份到餐厅帮餐的工作，解决了他的吃饭问题。平日里，我多次和他交流，鼓励他勇于直面困难，想办法解决问题。假期里，他找了一份兼职工作，努力打工，并把挣的钱攒了起来。他说："我要攒够将来上大学的钱。"

每个问题孩子的背后都有一个不为外人所知的秘密。作为班主任，我们只有走近孩子，走进他的家庭，才会了解原因，才会有的放矢地实施教育。幸运的是，在小宇成长的过程中，我没有放弃，而是一直陪伴在他身边，看着小宇一点点长大、懂事。

见证你的成长

开学当天旋并没有来报到，我打电话了解情况。原来中考时她虽然报考了我校，但已经决定外出打工，不打算上学了。在我苦口婆心的劝说下，她答应回来上学。军训的第一天，我见到她，当场蒙了：脸上涂了厚厚的一层白粉，头发染成金黄色，一只耳朵上竟戴了两个耳环。没想到自己费了九牛二虎之力招来这样的学生，我的头有点儿大，说实话，当时心里有点点后悔。我跟她说了学校对仪容仪表的要求，让她整改好了再来。她行动很快，上午离校，下午就回来了，看上去很清纯的样子。虽然变化很大，但我有预感，这个学生绝对不简单，肯定不是省油的灯！军训前两天她表现不错。第三天，她迟到了，我问她原因，她理直气壮地说爸爸妈妈有事没在家，所以起晚了，一副理所当然的模样。我没有生气，语气平淡但很坚定地提醒她："你已经是高中生了，明明知道父母有事为什么不自己定闹钟呢？今后你该学会自己管理自己了。"我对她军训期间的表现以及整改仪容仪表的雷厉风行的态度予以肯定，并表示相信她今后不会迟到了。她点头答应，果然在接下来的日子里再没迟到过。

如果一切都这样，老师说到学生就能做到，教育学生就不是件难事了。过了些日子，学校举行新生开学典礼时，我发现她竟然没穿校服，头发还有几缕染成了蓝色。我把她叫到面前询问情况，她不以为然地说："校服洗了没干，头发再染回去就是了。"表情和语气颇有点不屑，我强忍怒气，让她站着反思一下。没承想就在我转身的工夫，她竟然自行坐下了。这是众目睽睽之下公然向我挑衅，我生气了，让她给父母打电话，让他们到学校来一趟。她直接拒绝，说父母很忙，没时间来。我感觉心中的火要喷出胸膛了，刚想劈头盖脸地说她一顿。恰巧此时，一位同事匆匆走过来，说有急事找我，我不得不离开。忙完事回来，看到旋竟然若无其事地在看节目。此时的我已渐渐冷静，思考着该如何有效解决这件事。从她入校以来的各种表现来看，我感觉她的父母比较宠她、惯她，她自己很多时候则是非不分，并且脾气比较暴躁，跟她急根本没用。考虑到开学典礼一结束就放假休息了，留下着急回家的她进行说服教育，她肯定也听不进去。不如先让她回家反省一下，周日返校后再向我汇报。看到我竟然心平气和地跟她说话，她先是一愣，继而又开心地笑了。所以对于我提的要求，她爽快地答应了。休息日回来，她的头发已经染回去了，并诚恳地反思了自己的一些不足，并保证今后一定会遵守纪律。

前进的路总是曲折的，就在我为她的进步感到高兴时，她又惹事了。周三的晚自习旋没有来，其他同学也不了解情况。坐班老师给我打电话询问情况，我也一脸茫然。我马上给旋打电话，打到第四遍时，她接通了电话。问她在哪里，她说在回家的路上；问她发生什么事了，她说自己的两个朋友闹矛盾，她要去帮着解决；问她为什么不请假，她说请了老师也不会答应。这样的事电话里三言两语说不清楚，我让她注意安全，明天再谈。放下电话，我想了想，认为有必要跟她父母好好沟通一下，便打通了她妈妈的电话。我跟她说了旋私自外出的事，她妈妈并不惊讶。从她妈妈的口中我了解到，旋中学时就不努力学习，纪律性较差，经常惹事，吸烟、谈恋爱、与几个辍学的同学交往……父母也是老师办公室的常客，她的妈妈也很无奈。这是我没想到的，心情非常沉重。我请她妈妈先冷静冷静，等孩子下晚自习后好好跟她交流交流，她妈妈答应了。旋跟我打完电话不长时间就回校了。坐班老师耐心地跟她交流了一番，旋认识到了自己行为不妥。整个晚上，我也在考虑如何去触动一下她的"灵魂"。第二天找她谈话时，我把她入校以来所有闪光的地方回放了一遍，让她切实感到老师不是故意找她碴。我告诉她帮助朋友解决矛盾的方法有很多，你可以选择一种既可以帮助同学又不违反学校纪律的方法。随后我又就她的优点进行了一番表扬和鼓励，希望她以后继续努力。可以看出，她有所触动。

　　我密切注视着旋，有进步及时表扬，有不良兆头提前打预防针。她积极参加部里的才艺展示，并代表部里参加了学校才艺大赛，但最终没有获奖，她很遗憾，但我对她的努力作了充分肯定。开家长会时，旋的妈妈握住我的手表示感谢，她感觉孩子自从进入职教中心后听话多了，进步多了。旋在进步，但在成长的路上也许还会出现许多问题，我会尽自己的努力帮她改正问题，见证她的成长。

退一步，遇见精彩

学校分小学部和中职学前部，就中考录取分数而言，学前教育专业的学生素质在全青岛居于前列，生源比较不错。但是小学部的学生更是优中选优，就显得学前专业的学生整体水平差了很多。

2020 年 8 月，我接任了中职学前教育专业高一（2）班班主任。学生基础总体薄弱，学习习惯较差，部分学生没有上进心，缺乏远大志向，只出工不出力，每天进了教室要么坐在那里发呆，要么说话或睡觉；到了课间，则变得生龙活虎，在楼道里打闹、奔跑、大呼小叫，班级管理难度较大。

曹雯是这个班的一名学生。她很讲义气，跟同学关系处理得很好，但性格敏感暴躁，遇事冲动，自律意识较差，行为习惯非常不好。上课时常顶撞老师，事后会承认错误。但是常常是刚认完一个错，又犯了另一个错误。

刚开学这天，教室外传来一声"烦死了，我自己就办了，你快回去吧。"我循着声音朝门口望去，一对母女一前一后进了教室。母亲 40 岁上下，拉着一个行李箱。女儿身穿白色 T 恤，浅蓝色牛仔裤，学生气息十足。可在学生当中，她又给人一种异样的感觉。我注意到她戴着耳钉，描了眉毛，头发也是染过的。登记完信息，曹雯送母亲离开，一上午就再没回到过教室。后来我才知道，送走母亲后，曹雯找了一个角落，玩了一上午手机。

开学第一周，望着502宿舍厚厚的扣分单，我有些茫然失措。床铺不整、地面不净、铃后不静、玩手机、22：20说话……502宿舍几乎把宿舍管理手册上的所有扣分项都违反了一遍，有的扣分项还不止一次地违反，级部主任也不止一次地找我谈话。

其中，曹雯"功不可没"，当然，在她的带动下，502宿舍人人都有份。面对这样的局面，我决定约谈502宿舍全体成员。从良好作息的好处，我谈到了一个人的道德修养，又说起了行为习惯的养成，也提到了学校关于违纪学生的处理，甚至还给她们透露了学校会在开学初期严惩一部分违纪学生的消息。这几个女生都有些害怕，表示会改掉不良习惯，尽快适应职高生活。

谈话结束的几天里，风平浪静，一切看起来都像是在朝着好的方向发展，我也认为她们会开启新的职高生活。但是不久我便发现：502宿舍其他人都在努力改进，内务和学习确实提高了一大截，可唯独曹雯却朝着相反的方向渐行渐远。

这天，班主任微信群发了几条信息，还特地@了我。原来是女生502宿舍顶撞宿管，有一张照片特别扎眼，上面写着"宿管与狗不得入内"。看到这则消息，我都快要气炸了，回到班级，马上调查落实。果然不出所料，是曹雯写的字条，也是她贴在宿舍门上。这样的恶性事件之前从未出现过，学校决定严惩，让曹雯回家反省一个周。趁着家长来接她的机会，我跟她们母女俩进行了一次深谈。

交谈中得知，曹雯来自一个单亲家庭。父母离婚后，母亲独自一人抚养她。因为吃过没文化的苦头，不想让自己的孩子再遭不读书的罪。所以不管生活多么不易，母亲都会全心全力满足她上学的一切需求。为了多挣钱，母亲一直都忙于工作，平时对她疏于管教。面对着坐在旁边的母亲，曹雯低下了头，最后她掉着眼泪做出了服从学校管理的保证。她离校后，我内心感慨着，希望这次家校共育能起到作用。

然而生活总会和你开玩笑，甚至还会欺骗你。她反省回来的第二天晚自习，我值班。在教室巡视的时候，我隐隐约约看到曹雯桌洞里有亮光，我怀疑是手机。我说道："曹雯，把桌洞里的东西拿出来。"她一点反应都没有。"曹雯，出来一趟。"我又说。她声音很大地说："我不出去。"全班人都静静地看着我俩。我有些懵，从教十多年了，我从没有见过学生用这样的态度跟老师说话。僵持了一会儿，我意识到继续硬碰硬的话，场面会很尴尬，便转身离开了教室。我在走廊上来回踱着，心绪渐渐冷静了下了，开始思考对策，直到下课我才回办公室。

第二节课上课铃还没响，我就来到了教室门口。正好曹雯不在教室，我暗自松了一口气。因为我担心再次出现两人在全班对峙的局面。不一会儿，曹雯从楼梯走了上来（教室在五楼），我叫住了她。我十分清楚，像曹雯这样的性格，强硬的态度只会把她推到我的对立面去。这对于解决问题，无异于缘木求鱼。一句连我自己都不敢相信的话脱口而出："上一节课，我在没有依据的情况下，大声呵斥你，是我工作的失误，我向你道歉。"说完后，我仔细观察着她，好似即将爆炸的火药桶被浇了一盆水，曹雯紧皱着的眉头舒展开了，大概有 10 秒钟她没有说话。我接着说道："当然，自习课上应该完成作业，把精力都放在学习上，不能做小动作。"我话还没有说完，曹雯抢着说："老师，是我不对。我不应该顶撞您，也不应该上课玩手机。这是手机，给您。"说着，她从口袋里掏出一部手机。我制止了她，并说："你有这个态度，老师很欣慰。希望这件事对你、对我都是一个教训，让我们都明白该如何去做。同时，老师也相信你，以后会严格要求自己，不会上课玩手机了。手机暂时先放你自己手里，如果再有一次，那么手机必须没收！"曹雯面带感激，点头答应。

相信的力量是巨大的。从那以后，曹雯有了很大的变化，违反纪律的频率降低了很多。每当她又违反纪律的时候，我都会找她谈话。在不断的谈话中，我们的距离拉近了，变得无话不谈。后来，她当了我们班的班长，还担任学校晚会的主持人，代表班级参加学校辩论赛获得了冠军。很难想象曾经违反纪律的刺头，变成维持班级纪律的班长，变成了学校的骄傲。

在大一放暑假的时候，曹雯回来看望我，说起高中时的糗事，她激动地抱着我，说："老师，不！慧姐，真多亏了你。没有你，我可能已经放弃自己了。"作为老师，不管付出多少，我从不求学生的汇报，但是能得到学生的认可，心里比吃了蜜还甜，学生知恩感恩，我顿时感觉所有的付出都值了！

学生来到世界不久，都有好奇心，各种社会现象对学生的心理干扰也十分严重，这些都干扰着学生的认知，导致有的学生什么都想尝试、探索，这个过程难免会犯错。家长也好，老师也好，切忌草率行事，要关注学生的心理，不要把学生的小错认为是洪水猛兽，不可饶恕，要冷静下来分析原因，找到切实可行的处理办法。在跟曹雯冲突中，我充分顾及学生的面子，适当地退了一步，委婉、平等地与其交流，给予了她充分地理解和谅解，消除了她内心的反感，从而让她主动地承认了自己的错误。

人生活在集体中，不论大人小孩都爱面子喜欢受到尊重，渴望得到关爱，我们冷静处理、平等交流，重视教育对象的心理感受，以情感人、以理服人，一定会有可喜的收获。适当的退一步，遇见精彩！

爱，然后去教

一名优秀的班主任，除了要有丰厚的知识底蕴、高超的授课技能、诙谐的语言艺术和敏锐的洞察力外，还必须得有对学生的爱，而这是最不可或缺的。因为师爱可以滋润学生稚嫩的心灵，维系与学生间平等的情感交流，照亮学生的人生之路。只有善于将自己的关爱及时给予学生、善于抚摸学生情感触角的班主任，才会受学生喜欢、尊敬。

但是学生理解老师的爱、理解老师的良苦用心需要时间，需要经历一个慢慢消化的过程，在这个过程中，班主任一定要有足够的耐心。

开学第一周，班里便有一名女生没有及时上交作业。为了帮她养成良好的学习习惯，我亲自找到她，询问其未交作业的原因。她坐在座位上，语气很不友善地回答："我还没有写完，怎么了？"我参加工作六年有余，还从没遇到过这么跟老师说话的学生！她的态度让我心中升起一股无名之火，刚想批评她，但直觉告诉我："这个学生的表现太特别了，她是否有什么特殊原因？"我压住了内心升腾的火气，语气平静地告诉她："作为学生，就应该及时完成作业并上交，如果有特殊原因可以单独向老师说明。"

下课后，班长主动找我解释："老师，你不要生气，她就是这样一个人，说话直来直去，没有分寸。"我笑了笑，告诉班长我并没有生气，我会去了解情况的。回到办公室，我马上联系她的家长了解情况。果然如我所料，她是一个单亲家庭的孩子，父母亲在她幼小时就离异了。她与父亲和祖母一起生活，母爱缺失使她缺乏安全感，不太会跟别人交流。

家庭的破损往往会给孩子带来痛苦的创伤，造成他们对生活失去热情和追求，对周围的同学、老师、朋友等变得无动于衷，甚至怀有对抗情绪，良好人际关系的发展受到遏制。离异家庭学生自暴自弃的行为实质上是对爱的一种渴求。身为独生子女，从小习惯了以自我为中心，一旦这个模式被打破，他们便会产生消极、颓废情绪；当他们发现自己已不能引起父母的重视时，便会一改平日里乖孩子的形象，采取一些极端的、消极的行为举动，企图引起别人的关注。对这类学生来说，当家庭教育出现危机时，学校教育就显得尤为重要。因此，老师应该给予他们更多的关爱。

掌握这一情况后，我对这个女生多了一份关注。课堂上时常会提问她；课下我会微笑着与她打招呼；有时也会和她谈心，告诉她应该如何处理与同学、与老师的关系。我以一个朋友的身份随时随地寻找帮助她的机会，在作业本上、周记本上不断写着关心、鼓励的话语。慢慢地，她在学习上取得了很大的进步，与同学相处也更融洽了。

生活中，我也给予她无微不至的关心。天冷了，嘱咐她添加衣服；周五放假了，嘱咐她注意交通安全。慢慢地，她把我当成了朋友。有一次，我发现她感冒了，鼻塞严重，说话瓮声瓮气的，就送给她一盒板蓝根颗粒让她冲服，并嘱咐她多喝热水。第二天碰到她，她摸摸鼻子，惊喜地跟我说："老师，您的药太神奇了，我感冒好了。"元旦到了，我收到她送来的一张贺卡，上面工工整整地写着："老师，我爱你。"看到这句话，我的心中涌起一股幸福的暖流。

"随风潜入夜，润物细无声。"做班主任，就应该像雷夫老师一样，时刻不能忘记学生是我们的"上帝"，始终是我们服务的对象。我们要时刻牢记"第56号教室的奇迹"，努力改变自己，用心经营好自己的教室，用真爱对待"上帝"，架起师生之间信任的桥梁，创造出属于我们教室的奇迹！

砥砺前行，润泽心灵

　　班主任是班级工作的组织者、班集体建设的指导者、学生健康的引领者，是沟通家长和学校的桥梁，所以，班主任工作，既是一门科学，又是一门艺术。从 2015 年 7 月工作至今，我一直从事班主任工作。这几年里，我有过焦灼、无奈，但是每当看到班里孩子一点点取得进步，都让我毫无怨言地热爱这份职业、这个岗位。班主任工作让我体会到了仅仅当一名任课教师所体会不到的幸福感。所以，当别人问起我的职业时，我都会很自豪地告诉他们：我是一名班主任老师！

　　班里曾有这样一个男生：机灵聪明，接受能力强，能言善辩，懂得的道理也多，但是因为父母对其一味地溺爱，对孩子缺乏严格的管理，再加上受家庭教育方式、社会环境等因素的影响，该学生一直对学习以及班级活动没有兴趣，作业不能按时完成，上课喜欢说话睡觉，行为习惯很差。

　　刚接这个班没几天，我就发现这个男生不是很"听话"。有一次他和几个女生一起来办公室申请手机买演出服，我问清楚了前因后果，发现购买演出服只是借口，更多的是想要手机，所以没有准许这个申请。于是，他开始跟我狡辩，被我"请"出了办公室。出门时，他把门狠狠一摔，以示抗议。我很是恼火，公然跟我叫板，我一下子冲到门口，想把他叫回来狠狠批一顿。他可能意识到自己闯祸了，飞跑着离开了办公室。

　　望着他飞奔而去的身影，我慢慢冷静下来，与学生的矛盾只会使他们的逆反心理更升级。针尖对麦芒，两败俱伤。作为老师，我们必须宽容。于是，利用当天晚自习，我与他进行了一次谈话，晓之以理，动之以情，用真情去感化他。我肯定了他的优点，告诉他如果今后能够扬长避短，他一定会非常优秀。这个孩子内心还是积极向上的，只不过在行为习惯方面有些放任自己。听完我的鼓励后，学生也尝试着改变，开始主动参与班级活动，在唱红歌比赛中获得了学校一等奖。后来因为他进步很大，我让他当了班委，还时常地表扬、鼓励他，督促他学习，还经常地抽出空余时间给他补课，让他知道做任何事情都需要用心。

功夫不负有心人，有一天在办公桌上发现了一封他写给我的便笺：

老师，首先，我要为上一次的事向您道歉，不应该和您顶嘴，不该摔门而去。其次，我非常地感谢您，我知道您是为了我好，感谢您没有因为我的不尊重而放弃我，还像亲人、朋友一样关心我、鼓励我。我一定好好学习，认真努力，谢谢您，老师！

他的学习态度越来越端正，虽然上课偶尔还会开小差，但绝大部分时间能认真听讲，发言较以往积极，而且作业也能及时完成，学习成绩在稳步提高。看到他的进步，老师们都很欣慰，对他的看法也在不断改变中。

苔花如米小，也学牡丹开。每个学生都是有思想、不断发展的个体，只要我们的班主任工作做到家，我们定能打开学生心灵的窗户。作为一名新时代的班主任，我相信天道酬勤，只有努力使自己拥有敏锐的眼光，积极地思考，打开每个学生的心扉，与学生共同进步，在工作中不断探索和实践，才能真正做到教好书，育好人。

由“作弊”引发的奋起

2020 级新生期中考试第二场，我恰好在我班监考。

多数学生对班主任还是具有畏惧心理的，一个眼神扫射过去，学生会自觉地收起小心思。所以由班主任坐镇的考场，基本风平浪静。

这场考专业理论，一切看起来都很自然正常。大概过了二十几分钟，我发现有一个女生小动作不断，经常小心翼翼地低头抬头，看我时神态颇为紧张。多年的监考经验告诉我，这个学生有严重作弊嫌疑。于是我轻轻绕到她后面，从她腿上抽出当堂考试的课本，这个平日里存在感很弱的孩子就这样在我心中的形象一下子清晰起来。

考试间隙，这个女生来我办公室负荆请罪。她脸色通红，眼里噙着泪花。看着她悔不当初的样子，我并没有责怪她。通过交流，小家伙坦诚了自己的错误，作弊理由简单粗暴：平日学习有的知识点没掌握，将时间奉献给了手机游戏，为了讨好父母，想走“歪门”考一个高分。

我表扬了学生的动机，同时纠正了其错误的学习观念：“你想考高分没问题，但是方式太不可取了。学习是为了自己，不是给老师和家长学的。在我们眼里，你只要努力学，尽力了，无论考多少分，我们都能接受。老师也对你们一视同仁，并不会因为你分数低就看不起你。”见我不但没批评她，反而和颜悦色地给她讲道理，学生竟感动地哭了起来。一边自责，一边向我道出了内心的苦闷：自己一直想证明给家长、老师、同学看，自己也很优秀。但是却苦于不知该从何入手，心情一直都很压抑，很不自信。我很理解学生的心情，继续安慰她说："每个人都有自己擅长的事情，有的擅长演讲，有的擅长跑步，有的擅长写作。你可以将自己的特长发扬光大呀，无论你哪方面成功，我们都会为你高兴。"同时，我告诉她学习方法和行动很重要："你需要做一个近期的学习计划和长远的计划，调整一下学习方法，课堂认真听，晚自习既要复习旧知识，也要养成预习的好习惯。"十几分钟的适度引导，使学生充分认识到自己的错误，意识到要正确对待分数，树立正确的学习观和考试观，而且对未来也充满信心。

没有规矩不成方圆。我按照班规对她进行了处分，并让她写一份检讨书。女孩心悦诚服地写了一份检讨书交给我，文末她诚恳地写道："老师，我在班级里给其他同学带来了不好的影响，为了给其他同学做一个警示，我当众宣读一下检讨书吧。"

当天晚自习，我开了一个微班会，主题是"诚信考试，实在做人"。通过今天发生的事情告诉学生，优异的成绩靠的是平日努力和积累，而不是作弊。班会的最后，这个女生对自己的行为作了深刻的反省，并给自己制定了一个努力的目标，请全班同学监督。

通过女孩的检讨书，我发现她是一个内心丰富、文笔清新的小可爱。于是，我推荐她参加小记者社团，发挥擅长写作的优势。后来，她每天坚持写作，并把自己的作品拿给我看，我又鼓励她大胆向校报投稿。两个月后，校报上陆续刊发了她的文章。她也从一开始的小透明，变成了现在同学们喜欢的"小作家"了。女孩脸上整日洋溢着自信的笑容。

在之后的考试中，这个女生再也没作弊过。她知道自己的自制力不行，还主动把手机交给我保管，以保证自己能全身心地投入学习。就这样，她的学习成绩也慢慢地从班里的吊车尾上升到班级前十。

古人云，人非圣贤，孰能无过。在教育活动中，教师应该善于捕捉学生的错误"资源"，并抓住这种教育契机，只要合理利用，因势利导，就可能会改变学生的一生，让教育更有成效。

"迟到生" 不迟到

　　职校学生纪律意识淡薄，我已经领教多年了。但是我当班主任十余年，从没见过这么没有纪律观念的学生。

　　接 2020 级新生后，我遇到了一个一周迟到四天的小乖乖男——王斌。第一次迟到，我把它当成偶然，走读生经常会遇到一些不可控的因素，迟到一次很正常。第二天继续迟到，基本可以排除客观因素，我提醒他注意上课时间，并"语重心长"地告诫了一番。但是第三天、第四天仍然迟到，这就属于态度问题。我有些恼火，把他叫到办公室，详细问了问迟到的原因。王斌告诉我说，爸爸在外地打工，妈妈这个月上夜班，早晨没人叫他起床。其实他也用手机定了"闹钟"，但是早晨睡熟了根本听不见。第二周依旧还是这么高频率的迟到，谈话、检讨、自我反思、写保证书，都没有什么效果。

　　王斌同学是走读生，家离学校很近，跟学校仅隔着一条马路，从家里出门到学校也就 5 分钟。他的"理由"似乎站不住脚，我决定跟王斌妈妈交流一下，了解真实情况。在跟王斌妈妈的交流中我得知，王斌从小就是典型的起床困难户，有时候是听不见闹钟响，但大多数情况是能听见却不想起，把闹钟关了继续做梦，导致迟到。妈妈还告诉我一个很重要的信息，王斌晚上玩手机玩到很晚，常常妈妈一觉醒来，发现他房间的灯还亮着。

根据妈妈所述，我断定王斌之所以天天上午第一节课迟到，主要原因在于他晚上玩手机睡得太晚。我又在班里进行了调查，果然如我所料，王斌玩游戏很痴迷。

清楚了王斌迟到的原因，我跟班干部就他的迟到问题专门召开了一次研讨会。在他又一次姗姗来迟后，我当着全班同学的面，郑重地将教室钥匙放到他的手里："教室每天早晨 7：00 开门打扫卫生，7：10 分检查，7：20 早读，7：40 预备。将这几个时间节点牢牢记住，咱班能不能集体迟到就看你了。"他愣了愣，很快明白我的用意："老师，我尽量早起，不耽误咱班同学打扫教室卫生、上课。"同学们一致鼓掌。

第一天，教室门 6：50 打开，提前了整整 10 分钟，我当众表扬了他与自我惰性作斗争的胜利。我为自己初试成功的做法而沾沾自喜，可是上午还没放学，班长就过来找我反应，王斌上课睡觉，被数学老师罚了。按下葫芦浮起瓢，我顿时有一种深深的挫败感，于是，把王斌叫到办公室。在我的追问下，王斌告诉我，他之所以睡觉，是因为他担心第二天早晨起不来，就玩了一宿游戏。我又疼又气，疼的是孩子为了不耽误大家打扫卫生宁愿一宿不睡，气的是他用了一种错误的方式来弥补错误。我决定跟他好好聊聊，表扬了他为班级着想的精神，也批评了他这种做法的荒唐，并一针见血地指出，他赖床的根本原因是玩手机。整个聊天的过程我没有严厉地批评，只是和颜悦色地跟他说明玩手机的危害，说明经常迟到要面临的学校处罚。王斌也意识到自己做法的错误，并表示一定会改。

第二天，教室准时开门。

第三天，教室门 7：10 打开，卫生没打扫，教室卫生得了 0 分，同学们在我提前安排下没有一个埋怨的，都在鼓励他："伙计，你比以前进步很多了，我们相信你。"他内疚地找到我，"老班，我成了全班的罪人，您惩罚我吧。"我笑眯眯地看着他："多大点事，我们都是你的精神支柱，老师相信你，同学们也相信你，你一定可以战胜自我。"

第四天，小王准时开门。

第五天，准时开门。

一个周过去，一个月过去，小王再也没有迟到。

因为个体家庭环境、心理素质等方面的影响，校园中的学生有着不同的成长姿态。作为教育工作者，要正视这些差异性。对学生的信任和鼓励，其实就是一份真诚的爱，用爱去浇灌，用爱去引导，终会培育出生机勃勃的"风景"。

专业技能提升自身魅力

春节回来后，从综合高中班转入我们班 10 员大将：9 名男生，1 名女生。一开始，我以为这些普高学生文化课强悍，来了可以带动班级提升语数英成绩，打着这样的如意算盘，我愉快地接收了他们十个。结果不到两天，我就开始头痛：班干部接连来告状，学生会、德育干事纷纷找上门，还有任课老师也来找我询问情况。我头大如牛，这哪是一帮高手呀，纯粹是来砸场子的：早操不起床，卫生不打扫，被褥不整理，上课在校园里溜达，课堂上睡觉、打游戏、扎堆高谈阔论，顶撞老师……

于是，我连夜召开紧急班干部会议，讨论如何化整为零，将这一群破罐子破摔的"非正规军"收编。经过一周的调整，唯一的女生很快便融入了大集体，并且很正能量地反哺原班级的同学。但是男生的效果很不理想，他们在综合高中上的是普高的课程，跟我们开设的课程不一样，计算机专业课一点也没有接触。上专业课的时候，他们跟不上节奏，于是就有了别的小心思：敲打键盘，趴着睡觉，聚在一块大声说话、吃零食……总之，老师强调不准干的事统统都干了。我私下找了两名专业课老师，跟他们说了这几个学生的具体情况，希望他们多点包容，并给这几个学生加点"餐"——布置小任务。

我给他们每个人配备了一名"师傅"，课堂练习时间，可随时请教；晚自习时间，帮助他们恶补上一学期的基础知识。慢慢地，上机时机房的优秀作品榜上开始出现他们的名字，同学们对此报以热烈的掌声。最终，这几个闹腾的学生被我成功收编，班级作乱现象少了，多的是每天追着师傅求教的场景。

一天清晨，我习惯性地拉开办公桌的键盘准备工作，只见上面放着一张纸条，写着：

老班，您是我遇到的最好的老师。我是真的管不住自己，以前我上课调皮捣蛋的时候，老师就叫家长，让我写检讨，回家我爸就揍我，也没有人教我学习。进入咱班两个月，我感觉自己脱胎换骨了，我把我做的 Flash 动画带回家给我爸爸看，他第一次夸奖了我。对了，我还跟我师傅签了一个赌约，约定下次考试我要超越他，他请我吃鸡腿。老班，谢谢你没有放弃我们这群迷茫的学生。

您的学生 孙 超

看完了纸条，我的眼眶瞬间红了。这家伙平时真没少跟我对着干，绝对是"恶搞一派"的典型代表：不允许干啥他偏偏就干啥，老师不亲，同学嫌弃，自己也很悲观："老师，我不爱学习，也学不进去，但我爸爸非让我来，我都不知道来学啥。整天给班级抹黑，同学们都不爱跟我说话了，我其实也不是特意地违反纪律给咱班扣分的，我是不是不适合这个学校？"既然来到这个班级，成为我的学生，我就不能放弃，让他慢慢改正，而我也尝试着挖掘他的闪光点，一起努力。一次微机课，他恶搞了一个小动画，挺有创意，我在班上大张旗鼓地表扬了他，同学们看向他的目光都带着鼓励，那节课他坐得笔直，并且问了我好几个非技术性问题。从此，他的学习劲头更加足了，从我这里要了专业课的安装软件、素材和教程，我还送了几本专业案例书。

他利用周末和节假日，潜心学习专业课，不明白就问同学，渐渐地，有些问题同学都解答不了了，他就开始问老师。他从一窍不通的计算机门外汉慢慢变成了计算机创作小达人，最后还进了学校的影视特效社团。这家伙"发达"了还不忘老友，开始给其他几个"难兄难弟"讲课。"哥现在走路带风，我找到了努力的方向，哥们，我现在好像打开了一扇窗，看见了美好的未来，来，哥带你们飞……"

就是这么一个万人嫌的"二货"，凭借着自己的努力，练就了高超的专业技能，受到老师和同学们的一致好评。我们班的这十员大将，终于把精力都用在了学业上，班级里调皮捣蛋破坏纪律的现象也越来越少。现在反而出现这样一个有趣的现象：你文化课好，我就去拜师；我专业课好，就可以开班收徒。真的实现了我最初的设想：综合班的文化课带动了原班级成绩起飞，综合班的专业课也在原班级学生的帮助下日益精进。

有句话说得好，"即使是朽木，也有可雕塑的价值。"每个学生都有自己的闪光点，即使是问题生。只要我们善于观察，勤于引导，及时鼓励，就会为学生在成长路上点燃一盏明灯，将照亮他们的前进之路。期待也是一种力量，将批评转化一下吧，教育的智慧可能只需转变一下角度。

班花"温暖小徐徐"

一天晚上，我正在办公室忙碌着，突然办公室的门悄悄打开，一个脑袋伸了进来，嗖地又缩了回去。我纳闷地问："谁呀？进来。"静静地过了几秒，门又开了，一个畏畏缩缩的身影磨蹭到我的办公桌前。我一看，原来是我班的卫生委员小徐。我问："小徐，怎么耷拉着脑袋？来，笑一个，长得这么可爱，别丧。"谁知，我不说话不要紧，一说话，这个小女孩哇的一声哭了出来："老师，这个卫生委员我干不了了，你换人吧，他们光扣分，都不听我的。"我拍了拍她的肩膀："你干得很好呀，人员分配到位，工作认真负责，我们刚开始打扫，卫生标准把握不到位很正常。把每次扣分的点记下来，好好整改，争取下次不扣。"小徐抹了抹眼泪："老师，扣分的同学实在太厚脸皮了，我想惩罚他们！您看，罚他们打扫厕所怎么样？"

我不由笑出声："你还记得扫厕所这个梗呀。"刚来的时候，小徐被安排打扫女厕所，这个家伙连续两次偷懒，都被我抓住了，她狡辩地说："老师，我有洁癖，打扫不了厕所，闻不了那个味儿。""卫生区都是轮流着打扫的，今天我给你调整岗位，下次再轮到你，你跟谁来换？打扫厕所没有你想象中的那么可怕，只要我们第一次彻底清扫干净，每天用消毒液冲一冲，你可以待在厕所里吃零食。"小徐用怀疑的目光盯着我，我笑了笑："这样吧，我给你们打个样儿，所有打扫厕所的都来观摩学习。"

第二天清晨，我早早地来到女厕，小徐和另外三个女生也按时到达，接下来的十分钟，这几个女生见证了什么叫真正的"刘氏功夫"。后来，她们在宿舍里津津乐道了好长时间，"咱老班就是万金油，内务是老班手把手教我的，没想到她打扫厕所也有一手。""你们没见到我们老班的打扫厕所神技，亏了亏了。""今天我感觉受到120万爆点冲击。""我好想给老班配乐洗刷刷洗刷刷。""我啥时候能轮岗打扫厕所，也去观摩学习。"以身试教的效果就是，第二天这几个女生拒绝了我的再次示范，她们想要亲身实践。只见她们一边哼着歌，一边讨论昨天我弯腰的度数，水管冲的角度，忙得不亦乐乎。最难的卫生区域解决了，还收获了小徐这枚忠粉，自己主动报名答辩竞选卫生委员，承包了女厕所的检查清理，从此再也没有跟我提过她的洁癖。

自从小徐担任卫生委员后，每天第一个进教室，准备好84消毒液，检查人员是否按时到岗，有空缺的她自动补缺，从来不跟同学们红脸，有时候某个同学忘记，她就会默默地替他打扫干净，我们班的卫生区简直是免检单位。后来，我发现这个家伙竟然连早饭都不吃就在教室、走廊、厕所这几处卫生点来回忙活，而其他同学却在安然地享受着小徐的替补。我叫停了这种义务劳动。然后召开了题为"我的岗位，我负责"主题班会，我将班级中出现的各种现象拿出来，让同学们讨论，其中就有卫生任务这一项，经过反复讨论，最终制定出了跟岗制度。小徐只需每天检查就可以了。

全员参与下，就开始有同学失职了。光扣分不行，出了问题总得找个妥善的办法解决。我给小徐支招，当初老师是怎么征服你们的？你是否可以借鉴一下？小徐沉默了几分钟："老师，这个事我一定办好！"

后来听同学说，她单独找那几个经常扣分的同学聊天，得知之所以老扣分，是因为打扫卫生总是不得要领。她利用大课间的时间，手把手示范如何冲拖把，如何拖地，需要拖几遍，连最后卫生工具的摆放也一一跟进。她跟同学们打成一片，赢得了同学们的信任。

苏霍姆林斯基曾说过，"孩子能在老师身上看到人道的典范"。教师对学生的影响是潜移默化的。我想，很多年后，小徐可能记不清我们曾学过的某项知识，但是班主任以身作则打扫厕所的身影一定会时不时地闪现着在她眼前。所以，教育不需要长篇大论，一次单纯的示范就会对学生起到巨大的教化作用。

"失"爱姑娘不缺爱

　　八月十五团圆夜，我接到可爱的小曦美女的电话："刘妈妈，想我了没？我可想你好久了哦。今天我休班回来陪爷爷奶奶，送给奶奶一条大红丝巾，送给爷爷一副自发热护膝，我给你也准备了一副，我知道你的膝盖不好，改天寄给你……"听着大可爱欢快的语气，心里一片柔软，真心为她感到高兴。

　　时钟逆转到 2019 年冬天的一个周末，我正在午休，迷迷糊糊感觉电话响了两声就挂了，习惯使然，我努力睁开眼睛，拿起电话回拨了过去，却听到一段揪心的话语："老班，我真的活够了，刚才我用刀子在手腕割了一刀，出血了。"我吓得睡意全无，"赶紧找个干净的毛巾压住伤口，我马上到。"手忙脚乱穿上羽绒服，一边拨通了小曦奶奶的电话："阿姨，跟你说个事，你别着急，现在你去敲开小曦的门，无论看到什么都别慌，我这就过来。"联系上学部马主任，我俩在闪着亮光的冰路上行驶了 40 多分钟。路上接到小曦奶奶的电话："刘老师，路太滑，你们不用来了，小曦没有大事，就是手腕割了一道口子，出了点血，已经让诊所的医生给包扎好了。"因为放心不下，我们还是坚持开车去了她家。还没到村头，大老远地就看到一位老人在寒风中站着，原来是小曦爷爷。老人步履蹒跚地将我们带到家中。

　　我刚一进院门，奶奶便激动地握着我的手，一边自责地说自己一时失言差点失去她的孙女，一边让我好好劝劝小曦，她的手因为太过紧张颤抖得特别厉害。原来，奶奶看小曦回家了，便做了一桌子丰盛的饭菜。吃饭的时候一个劲儿地给孙女夹菜，小曦来了一句："奶奶，我少吃点肉，太胖了不好看！"谁知，这句话一下子触动了老人敏感的神经，小曦的言行瞬间跟小曦妈妈重合了，老人将对小曦妈妈的怨恨都发泄在了小曦的身上，这才使得小曦一时想不开。所幸最后关头小曦给我打了电话，避免了一场悲剧。

我走进小曦的房间，她正倚在床头默默地擦泪，我一进去，小家伙一下扑到我身上："对不起，老班，我也不想这样让爷爷奶奶担心，但是我真的受不了了。""在你八个月大的时候，你爸妈就离婚了，一直是你爷爷奶奶养大了你，怕你受委屈，好吃好喝好穿地伺候你，咱班同学有几个从小学到高中一直学古筝的？两个老人在你身上付出了所有的爱。你如果就这么去了，两个老人还能活吗？""老班，吃饭的时候奶奶骂我，说我跟我妈一样。我不像那个女人，我觉得奶奶不亲我了，她不爱我了。""奶奶是说你长得跟你妈妈一样漂亮，那是夸你呢，别钻牛角尖。"我将她扶着躺好，"你这么一刀下去只是肉疼，可你奶奶是心疼啊。你呀，这次可真把奶奶吓坏了，也伤了她的心。"

之所以得到了小曦的信任，是因为从一入学，我就注意上了这个时而明媚时而忧伤的女孩。很多时候，我发现她经常手捧着书，心思却不知飞到哪儿去了，一副心事重重的样子。我让她给我当课代表，经常借着收发作业机会用棒棒糖贿赂她，忙的时候也聘用她当我的助手帮我批作业，一来二去慢慢熟悉了。后来综合质量大检查时，我发现小曦的宿舍内务是我们班最棒的，各科书面作业最工整，我将她的内务和作业的照片作为样板在班会上大加称赞。私下向她请教时，小姑娘才开了口，原来她的优秀都是习惯使然。她的爸妈在她八个月的时候因为感情不和而离异，妈妈舍弃她而去，爸爸后来又组建了新的家庭，她多了个妹妹。从记事起，她就一直跟爷爷奶奶生活在一起。爷爷奶奶很能干，从小她的衣服都是最新款，想吃的东西最晚次日就会出现在餐桌上。奶奶好胜，不仅生活上将小曦照顾得无微不至，还教育小姑娘将自己的房间整理得干干净净。三年级就开始练字，五年级看到班里有个同学学古筝，奶奶也托人买了一张回来，将她送去琴房学习。同村的同学，这么被优待的也就她独一份。她也暗下决心，长大后，好好照顾爷爷奶奶，做他们的贴心小棉袄。我问她你恨妈妈吗？她低下头，幽幽地说了句，那个女人不配让我称呼她妈妈。

后来，我到小曦奶奶家家访，家庭情况基本和小曦说的一样。不过老人更痛恨小曦妈妈，重男轻女，生而不养，从离开就没回来看望过这个可怜的孩子。为了让小曦和别的孩子一样，老两口使劲忙活，既当爹又当妈，可是孩子心底还是有憧憬的，每次去爸爸家住，也是羡慕地看着妹妹，也很疼爱妹妹，妹妹也喜欢这个温柔的姐姐。可到底不是自己的家，小曦不喜欢去爸爸家常住，也就过年过节的时候去看看他们。回来后强颜欢笑地对爷爷奶奶说小妹妹多么可爱，送给她什么礼物，妈妈给她买了什么衣服。小曦大了，什么都懂，就是从来都不提自己的妈妈，这是她的心结，奶奶也恨她妈妈，没办法宽慰她。

随着与小曦的交流越来越多，我对她的了解也越来越深。这是一个内心柔软却未被父母温柔以待的女孩。从此，除了教育的责任，我对她倾注了更多的关爱和鼓励。她的心扉慢慢地敞开，越来越开朗，有什么心事都愿意向我诉说。陪伴中，我们亦师亦友，她还会在我心情低落时反过来安慰我，我看到了成长的力量。

小曦是不幸的，她的妈妈舍弃了她；小曦又是幸运的，有这么疼爱她的爷爷奶奶。因为家庭情况的特殊，导致她对批评特别敏感，甚至做出伤害自己的事情。作为她的老师，唯有给她更多的关注和爱护，让缺失的爱变成更多的爱，抚慰孩子的心灵创伤，终有一天，孩子会从这片阴影中走出，种在心灵深处的爱的种子也会发芽长大，给予我们爱的绿荫。

我的资深贤内助——"高大爷"

    班级管理的最高境界就是实现班级学生的自我管理和自我教育，成为马卡连柯笔下的"集体"。一个班级能成为优秀的班集体且能够形成旺盛的凝聚力、向心力和战斗力，其必要条件就是要有一个团结向上、积极进取的班干部队伍。他们应该是一群阳光正气、朝气蓬勃、团结友善的活跃分子，是班集体建设的核心。所以我从接手 18 级数控 1 班第一天起，便开始了班干部的选拔和培养工作。

    军训第一天，有一个学生直闯入我的眼帘，每次军训间歇总是积极去为大家搬大桶水，帮助有困难的同学，他性格活泼开朗并且主动跟教官交流探讨。后来班级学情摸查时，我发现高青源同学写得一手堪比印刷体的好字，更让我开心的是他以前担任过卫生委员、生活委员和体育委员。凭借多年的学生管理经验，我判定高青源同学必定是一名优秀的班干部。所以，军训结束后，在第一轮的班干部试用期间，高青源同学就被评选为班级的"大内总管"——生活委员并兼任卫生委员。试用期我对全体班干部进行了系统的培训，培养他们的业务素养和团队精神。事实证明我的判断是无比准确的，高清源同学在试用期表现得堪称完美，而且因为他的尽职尽责、细心体贴，学生给了他一个很风趣的绰号——"高大爷"。

    试用期过后，高青源同学在第二轮的投票中以最高票连任，鉴于他娴熟的业务能力和强大的人设，我决定对他委以重任，让他负责学生在校生活问题和班级卫生管理，负责全体同学的餐饮充值、班级财务管理，负责解决同学们的生活困难以及班级报告的书写和家长的即时沟通联系等，只要是班里难办难管的事，我一并交给他打理。

同学们心里的"知心大爷"

"高大爷"手里有一本班级密码，上面记录着全体同学包括老师的生日和爱好特长。每当有同学生日临近时，他都会提前提醒我，并在班级里进行生日 Party 的布置，会提前为"寿星"们准备好蛋糕、苹果、笔记本和主持词（经家委会通过班级成立专项基金）。同时"高大爷"会在第一时间跟家长连线，为同学和家长举办线上的"温情生日告白"，活动结束后他会把第一手的影像资料发到家长交流群，分享同学们的幸福时刻，群里顿时会热闹非凡。

如果同学们在学习和生活上有什么困惑和困难，他发现后会第一时间给同学们提供帮助。他真诚热情的态度、乐于助人的品质在学校生活的细节中随处可见，谦和的笑容让他拥有了无比的亲和力，"高大爷"的"兄弟姐妹"们深深爱着他们的"高大爷"。每天清晨，"高大爷"总是宿舍里第一个起床的"先进分子"，然后用清脆的喉咙背诵"班级誓词"或文章，通过这种"独特的闹钟"叫醒每一位还在赖床的"兄弟"。班级里的点点滴滴、每个人的成长足迹都记录在"高大爷"的班级密码本里，印在他的脑子里，高大爷是班级里学生公认的"知心班红"，是数控 1 班独特的风景线！

家长心里的"小助手"

我工作很忙，有时候家长发在群里的信息根本顾不上看，经常会误事。于是在征得家长同意后，我把"高大爷"也拉进家长群，协助我处理一些简单事务。高青源每天都会在家长群里进行班级出勤情况的通报，班级每周财务支出状况的通报和每周班级学情和周志的公布，从不懈怠。每次班级学情和周志发布完后，就会有学生家长主动联系他，询问学生在校表现情况。他也总是耐心友善地回答家长的每一个问题，这也在无形中给我减了负。现在，家长们都不约而同地达成共识，只要我在群里发言就是班级重要事宜或者班级事务总结，其他事宜都@"高大爷"去了。每次召开家长会，我都会给"高大爷"和班长留下 10 分钟的汇报发言时间，从学生角度同家长交流。家长对这位班级大管家赞赏有加，也非常认可这种管理模式。在家长心里，他俨然已经是班主任助理，是他们羡慕不已的"别人家的孩子"。

老师的资深"贤内助"

在校就读期间，"高大爷"和全体班干部协助我将班级管理得井井有条，基本实现了学生自主管理。班干部们身先士卒处处带头。每天早晨 5：50，"高大爷"会准时将第一手的早读信息传送给老师；7：40 之前，检查和督促值日生完成早间的卫生清理；每天下午放学前，对其他班委记录的班情进行汇总。作为生活委员，"高大爷"会对住宿同学每周的生活费和班级活动支出，进行仔细计算，甚至精确到个位数，并及时发布到家长群和班级群里。手握财政大权的"高大爷"备受同学们的崇拜与仰慕。学校从餐厅管理人员到宿舍管理工人，从学校保卫到教务，从年级主任到任课老师，从国旗班到晨风文学社，无人不晓得"高大爷"的光辉，每一个部门都有"高大爷"前往办理业务的熟悉身影。同时，作为班主任的资深助理，"高大爷"发起提议并成文的班级 ISO 标准化管理细则有效促进了班级的成长和班风的建设，可以说是我们的倡议者。

在职业学校，老师出差的日子最能体现一个班级的管理水准和层次。

2020 年，我连续外出参加中高考监考，有半个月时间不在校。在高青源和其他班干部的协作和努力下，班级运行正常，各项考核优秀。高青源同学还"临危受命"，高一级部两位班主任外出监考，请他担任两个班的班主任助理，两个班没有出现任何纰漏，两个班主任羡慕不已，调侃我为"甩手掌柜"。看到自己一手培养的学生得到别班班主任的夸赞，我由衷地高兴，但说我是"甩手掌柜"也不尽然。"甩手"是得益于培养和运用好了一支优秀的班干部队伍，得益于提前做好了行为规范教育和集体主义教育，得益于提前对班级发展进行布置和大方向的把控，努力和汗水都撒在了青苗期，当然高大爷犹如"神之助"，为班级建设添上了最浓厚的一笔。

班级机要员

为了保证大家的正常学习秩序和财务安全，经过家长会讨论一致通过，我班集资购买了一个高品质保险柜，对手机和贵重物品进行统一管理。为保证公平和安全，必须选择一名有高度责任感和担当意识的同学对保险柜进行管理，最终全班同学一致推举高青源同学担当此任。每周一需要收缴全部同学的手机并放入保险柜储存，还要将每周的班级周记、学情表现和班级财务进行梳理分类，连同班级档案、班级密码本一同放入保险柜保管。这个保险柜里装的是同学们的成长足迹，是同学们的青春印记，还有"高大爷"满满的责任心和奉献精神。

积极且活跃的"高大爷"

"高大爷"在繁忙的学业之余，还积极参与学校社团及各种公益活动，哪里有舞台哪里就有他倜傥的身影。他担任"晨风"文学社的社长，负责审核和编辑全校的文学稿件。受他的影响，班里的写作之风盛行，涌现出多名"小作家"，经常为文学社供稿。他还通过学校广播站把一些优美的作品传送到校园每一个角落，让全校学生都受到文化的熏陶。文学功底好，口才也棒。"高大爷"特别喜欢辩论，曾作为学校的模拟法庭的优秀选手，代表学校出征 2020 年青岛市模拟法庭大赛，取得了青岛市二等奖的优异成绩。"高大爷"还是学校国旗班的一员，在国旗班里他训练刻苦，表现突出，被推荐为国旗班秘书长。最初，"高大爷"也有黯然失色的时候，那就是走正步的时候老顺拐，影响了队伍的整体性和一致性。但他有一股不服输的劲头，每次集体训练结束后，他都会留下来，默默地在操场上边喊着"一二一"边踏着步伐纠正。功夫不负有心人，最终获得了国旗护卫队"优秀国旗卫士"的荣誉称号。

荣耀与共，逐梦前行

高青源在兢兢业业为班级工作的同时，丝毫也没有放松学习。每天他总是第一个到教室，最后一个检查完卫生离开教室，学习和工作两不误，以自己的行为和精神影响着全班同学。在高三选拔中，他以优异成绩顺利晋升到高三升学班，并在 2021 年春季高考中考取了理想的大学。在校期间由于其优异的表现，他先后获得了即墨区优秀学生干部、即墨区优秀学生、即墨区优秀团干部、青岛市优秀学生干部等一系列荣誉称号。无论荣誉的取得还是理想的实现都离不开拼搏和努力，希望他以后能够在更大的舞台上展现更好的自己，取得更大的成绩。

18 级数控一班毕业离开的一瞬间，我心中涌起一丝淡淡的伤感。作为一名老班主任，虽然送走过若干届学生，此时心底还是泛起一股难以割舍的留恋与怀念。或许因为更深的感情，或许因为一起走过难忘的时光，或许因为"高大爷"……

往事不可追，希望和祝愿包括"高大爷"在内的数控 1 班的莘莘学子，在更广阔的天地里绽放自己最出彩的人生，愿他们历尽千帆归来仍是少年！

与你同行

"你闭嘴！"

我惊住了，第一次看见学生如此大声地呵斥自己的母亲，而且是当着办公室诸多老师的面。

李刚是班里最让我头疼的孩子。开学不久，他便屡上"黑名单"，经常与任课教师、班干部起冲突，是班里的扣分大户。在他身上，几乎各种不良行为都发生过：早上经常不跑早操；课堂上小动作不断，坐姿怪异，和其他同学交头接耳的情况常见；作业质量实在堪忧，交的次数可怜，字也潦草如天书，更别提正确率了；分配给他的卫生任务，每每都要返工……每次找他谈话时，他的腿就好像从没站直过，总是一副漫不经心、毫不在乎的样子，唯一一点"好处"就是：他从不顶嘴。对于老师的批评、劝导，全单照收，可是转身就忘，"旧病故犯"了不知多少次。都说教师是塑造灵魂的工程师，可是面对李刚，我只觉得像面对一团粘手的面团，无从下手，无奈之下，只能"请家长"了。

说实话，我并不想请李刚的妈妈来学校，因为第一次去他家家访的时候，妈妈留给我的印象并不好，太过于溺爱孩子，根本管不了李刚。那天下午四点，我们约定在村西头碰面，大约等了十几分钟，他妈妈才急匆匆赶过来，"老师，真对不起，刚才在大棚里给树打药了，耽误了会儿！"进了家门，屋里很乱，他妈妈很不好意思，"我太忙了，家里也没收拾，让老师笑话了。"当我询问李刚在哪儿的时候，妈妈往西面的房间走去，屋里传来"嗯嗯啊啊"含糊不清的声音，很快妈妈从屋里走了出来，"孩子睡着了，还没醒呢！""都下午四点了，怎么还在睡觉？"妈妈尴尬地笑了笑，没说话。从妈妈满是溺爱的话语中我了解到，李刚在家里什么也不干，成天就抱着手机玩。不管大棚的活有多忙多累，妈妈也从来不舍得让儿子去帮忙，在她看来，儿子还小正在长身体，不能干重体力活。而李刚爸爸在外面干建筑，十天半月回来一趟，爸爸脾气急，每次回来一听说儿子犯了错，就使劲揍。所以李刚犯了错误，妈妈都帮他一起瞒着爸爸，只报喜不报忧。

其实，这次我本打算请李刚的爸爸来学校的，结果他爸爸还是没时间，恰巧最近大棚农活不多，于是，李刚的妈妈便来到了学校。

在办公室里刚请他妈妈坐下，我还没说什么呢，他妈妈已是歉意万分——估计前面应该是被"请"惯了，"老师，真是不好意思，这孩子都是让我给惯的……"一句话刚说完，李刚就冲着他妈妈咆哮，于是就发生了文章开头的一幕。

"李刚，你怎么跟妈妈说话呢？"我气不打一处来，旧的矛盾还没处理，新的问题又出现了，并且这个问题在我看来更加严重。

"老师，没事，这孩子随他爸，性子急。"李刚的妈妈不以为然，还袒护着孩子，真是一位可怜又可恨的母亲呀！她对孩子的溺爱已经到了没有原则的地步，这种畸形的爱，有失分寸的放纵，于孩子而言其实是一场巨大的灾难，足以毁了孩子一生。

想到这里，我不寒而栗，深吸了一口气，努力让自己平静下来。面对这样的母子、这样的家庭，应该怎么办呢？现在告诉这位母亲"父母之爱子，则为之计深远"？告诉她"一切为了孩子，为了他牺牲一切，这是父母送给孩子最可怕的礼物"？他母亲根本听不进去，怎么办？这个孩子漠视父母的尊严，不懂感恩，缺失了这么多做人最基本最重要的品质，但是母亲却没有意识到问题的严重性。儿子所犯的那些错误，在她看来是"小事一桩""不足挂齿"。孩子屡错屡犯的根源便在此。在教育缺位又暴力的父亲和无限纵容、溺爱孩子的母亲的共同推动下，李刚成了现在的样子：懒散任性、没有责任感、不懂尊重、不懂感恩。

剥茧抽丝找出原因，还要对症下药实施方案。教育生态系统里对孩子影响最大的两个群体，本应携手并肩，共同努力，现在却只剩下了老师独立前行。但是，我不会让班级里任何一个孩子掉队，即使这可能会花很大工夫。

与妈妈谈了很长时间，我尝试着去多了解这个孩子，希望可以找到教育的突破点。我给他妈妈列举了各种溺爱孩子而最终害了孩子的事例，告诉她家庭教育与学校教育就像人的双手和双腿，缺少良好的家庭教育，人生是残缺不全的。他妈妈也意识到自己的教育存在着问题，一再向我保证今后一定会注意。

在以后的时间里，我给予了李刚更多的关注，在群里分享给家长们的教育信息我会专门再给他妈妈发送一遍，针对李刚这种情况的家庭教育建议我也不厌其烦地按下分享键；他的一些微小的进步我都会特意拍下，发给他爸爸。慢慢地，我发现好几次周末从家返校后，李刚都特别兴奋，一连数周竟然没有再扣分。

在"感恩有你"主题班会上，我在 PPT 上放了一张布满老茧的双手的图片，这双手充满了岁月的沧桑，然后请同学们回忆自己是否在生活中见过这双手。我看到李刚低下头很久，同学们举手分享自己感言的气氛也感染了他，他第一次举起手来，"我妈妈的手就是这样，我爸爸的……好像也是这样……"有同学偷笑起来，我继续问李刚："你父母的手生来就是这样吗？""不是的……"我微笑着示意他坐下。我知道，他已经有所触动了。这次班会，我没有布置什么具体作业。

然而，周六晚饭时，我突然收到了李刚妈妈发来的一张照片——一盘简单的拌黄瓜和一盘粗细不均的土豆条，"这是我第一次吃到孩子为我做的饭！不舍得，太感动！"隔着屏幕，我也感受到了李刚妈妈的欣慰与激动。更重要的是，我知道，这个自发的举动是孩子终于知道体贴父母的表现。

一切的一切都预示着李刚在往好的方向发展，这让我欣喜不已：给班里搬水的身影里李刚出现的次数越来越多，与老师沟通前会先喊"老师好"，作业字迹也工工整整……慢慢地，李刚开朗、乐观起来，浑身充满正能量。

教育不一定是轰轰烈烈的大事，点点滴滴汇成了教育的心动和美丽。班主任是学生人生路上的引路人，在与他们同行的路上，多些关注，多些耐心，多些等待，将这些细微的琐事融合到他们的人生里，慢慢抒写下教育者的责任，相信每一个学生都会变得更加积极向上。

教育。/随笔

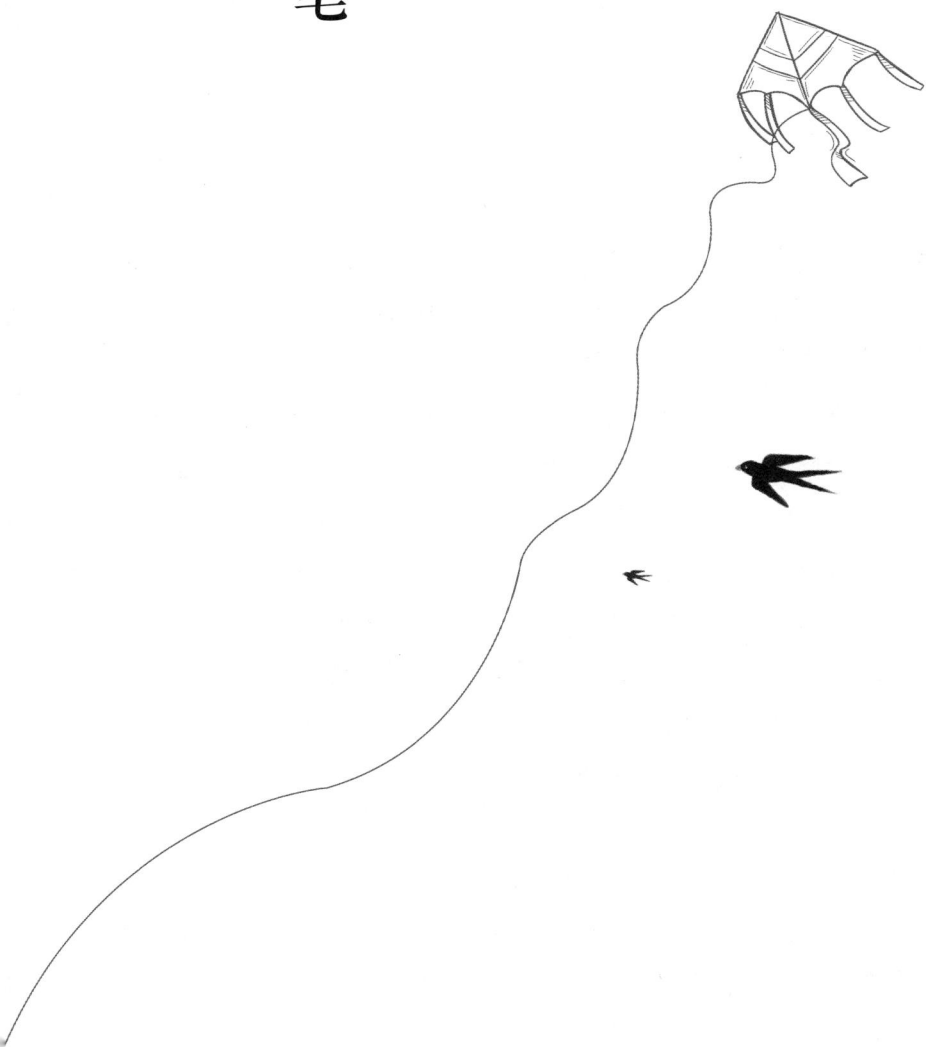

教育随笔就是教师用随笔的形式，把自己的所见所闻所思，把身边真实的世界移到自己的笔下。它是教师自然感受的流淌、心灵的私欲、智慧的沉淀，它是教师教育实践中的经验、教训和感受、体会，它是教师在教育实践中对某些问题的看法、意见和见解。它可以是心理健康教育方面的，也可以是德育方面的；可以是班级管理中画龙点睛的精彩一笔，也可以是教育教学沉痛的反思；可以是班主任组织工作的领悟，也可以是某次工作中某一方面败笔的思考；可以是家庭教育，也可以是学校见闻。

　　著名教育学家马卡连柯曾经说过："教育学是最辩证、最灵活的一种科学，也是最复杂，最多样化的一种科学。"作为一名职业学校的班主任，我们面对的是一群十六七岁处在懵懂年纪的孩子。他们正处在青春期，自尊、敏感、冲动、叛逆。如何与这个年龄段的孩子沟通，让他们有一个健康向上的心智，是困扰着很多职业学校教师的难题。有时候你大声呵斥、批评，或许只能一时规范孩子们的行为，一旦老师离开，就会故态复萌。要想使孩子真正改正坏习惯，你得循循善诱地一次次找他谈心，让他如朋友一般向你倾诉；在孩子们的泪水中你也感受到辛酸，但为了使每一个孩子健康快乐地成长，你必须狠下心来。

　　在实施素质教育的今天，社会、学校、家庭迫切需要高素质教师，教育随笔对教师素质提高显得尤为重要。工作室的每一位成员都是有着多年班级管理经验的老班主任，撰写教育随笔已然成为工作室成员的一种职业习惯。他们把教育实践中的见闻、体会、意见、看法这些稍纵即逝的东西及时记录下来，供别人借鉴、供别人吸取教训，从而使更多的班主任在学生教育的道路上少走些弯路。他们勇于创新，主动去发现教育实践中的问题，并以积极的态度去思考问题，创造条件去解决问题。他们会根据不同的教育对象，创造性地运用教育理论和方法因材施教。

　　这些教育随笔，记录了每位班主任个人成长的所感所想，回顾和总结他们在教育教学过程的心得和方法。随着时间的推移和经验的积累，重温旧事，回想教育成效，常常会品尝理性的感受，对自己有更全面的认识。这些教育随笔不仅有利于教师提高修养和教育教学水平，而且可以提升教师对实践的反思和智慧，提高自己的班级管理水平，积淀个人在教育教学方面的成就，有效丰富教育资源，推动教育事业的进步。

人非圣贤　孰能无过

　　每个人在成长过程中，都会犯各种各样的错误，有些小错误乃是取得进步所必须交付的学费。因此，对于学生出现的小问题，只要他们能有所认识，老师通常都会比较宽容，不会过分计较。虽然有时也会批评几句，稍微训诫一下，但也不过是为了提醒学生不要在同一个地方跌倒。

　　比较自律的学生，看到老师手下留情，就会比较收敛，一般不会再犯同样的错误。但也有些比较散漫的学生，无视老师的"宽容"，甚至把老师善意的"理解"当成了"疏忽"，以为老师没发现或者根本不在意，对自己的行为不加约束，甚至愈加放纵，以致屡错屡犯。更有甚者，他们觉得这些小错误都是自己的无心之过，没什么大不了的，反而觉得是老师小题大做，故而每次批评的时候总是振振有词。正是由于这些学生心理上的不重视，对自己要求不严，才会导致他们会一而再再而三地出现失误，让班主任头疼不已。

　　班里有个走读生，家离学校比较远，偶尔会迟到。对此我抱着理解的态度并没有过于苛责他。但是有个周他竟连续三天迟到！我有些生气，把他叫到办公室，准备好好教育他一下。结果刚说了几句，他就嬉皮笑脸地辩解道："老师，孔子说过，'人非圣贤，孰能无过？'连孔子这样的大圣人都会犯错误，像我这样的普通人犯个错也是正常现象。"没想到突然被学生教育了一番，我当即有些懵。学生做错了事，狡辩几句，也是很正常的事。但是这个学生的"辩解词"太霸道，太"新颖"，居然还能引经据典，搬出孔老夫子来为自己"挡箭"。尽管他犯了一个知识错误，这句话不是孔圣人说的，但是这并不影响他说这番话的动机。

我本来没怎么生气，听完他的狡辩，胸中顿时升起一股无名业火。可是当我看到学生脸上一副扬扬得意你奈我何的神情时，我不怒反笑了，因为这是一种自不量力的挑衅，从他一出招就注定是个败局！这正是他以我为对手，而我却从没把他放在眼里。这样想着，怒火竟莫名地消退了，这种自以为是不知天高地厚的轻狂不正是这个年龄段的孩子的特征吗？谁不曾年轻过，谁不曾浅白轻狂骄傲任性过？想到这里，我便释怀了。我可以不计较，但必须得让学生意识到自己的错误。

于是我问他："你知道'人非圣贤，孰能无过'这句话的意思吗？""知道，"他回答得非常干脆，"人不都是圣人和贤人，谁能没有什么过失？""你说的很对，一般人犯错误是难免的。但是你知道这句话怎么用吗？"学生似乎觉察出自己说的话有问题，犹豫了一会，摇了摇头。

我义正言辞地告诉他："你说人都会犯错，这是事实，我没异议。但你刚才的辩解说错了三点：第一，'人非圣贤，孰能无过？'这句话并不是孔子说的，它出自《左传》，后半句是"过而能改，善莫大焉"。这句话通常是用来安慰别人的，而不是用来替自己辩解的，你曲解了它的意思，以后引经据典先要弄清楚它的意思，不要贻笑大方，留下笑柄。第二，任何人都要遵守学校制度，不迟到不早退这是常识，从小学开始老师就是这么要求的，走读不是你迟到的理由。作为走读生，你应该搞清楚家与学校的距离以及走这段路程需要的时间，你应该把路上可能发生的事，提前做好预测，留出比较宽裕的时间，即使这样也要提前几分钟出发，以保证按时到校，不会迟到。第三，偶尔有特殊情况迟到一次，确实可以原谅。但是像你这样连续三天迟到，并且没有充分的理由，这是不应该的，足以说明你上学的态度不端正，纪律意识淡薄，不能原谅。"

听完我的分析，学生羞得满脸通红，完全没了刚才的轻狂。最后，我很平和地告诉他，人跌倒了不要紧，爬起来就是了，但是不能在同一个地方跌倒两次。学生深刻地意识到自己的错误，郑重地向我表示，以后绝不会再迟到。

"人非圣贤，孰能无过"，这句话原本多么受用，多么富有同理心！好端端的一句话，从学生嘴里说出来，却完全变了味。对自身的错误没有一点认知，也没有一点悔过的意思，这种态度万万要不得。这是典型的搬起石头砸在了自己的脚上，这个教训相信他会铭记一生。润物无声，教育有时并不需要过多的批评，把道理分析到家学生自己会悟透。

我觉得这是一个很典型的教育案例，应该让所有学生都能从中有所感悟。在征得了学生的同意后，我把这个故事讲给了大家听。当然为了保护学生的隐私，我把姓名隐去，换成了"某班""某人"。讲完故事后，我特意把这个学生为自己辩解的话出示在幻灯片上，让大家分组讨论一下自己对这句话的感悟。可能这件事上或多或少都有他们的影子，学生讨论异常热烈，最终达成的共识与我的观点基本一致。最后我又问了学生一个问题："老师为什么会原谅他？"学生各抒己见。我指着那句辩解的话说："哪位同学把这句话稍微修改一下，作为老师送给学生的劝勉语？"大家集思广益，你一言我一语，最后形成一致意见："《左传》里有句话：人非圣贤，孰能无过？过而能改，善莫大焉。意思是说，人不是圣贤，都会犯一些这样或那样的错。但是犯错误一定要改正，要记住教训，这样老师就可以原谅你。""灯不拨不亮，理不辩不明"，通过这样的讨论，学生已全然明白对待错误的态度，根本不需要老师用更多的言语去劝导、教育。

人要学会走路，也得学会摔跤，而且只有经过摔跤才能学会走路。作为老师，我们应该告诉学生做错事并非不可饶恕，但是必须得端正态度，要知错认错，还要从中吸取教训，认真改错。只有这样，才能不断完善自我，让自己变得更出色更优秀。

爱，给了她坚守的力量

寒假后的第二天，头发斑白的老主任一脸凝重地把班主任们召集到一起，拿出一张印有 2019 级学生数字的表格。

看到这个表格，我们的心情都有些沉重，短短一年的时间，一个级部就流失了 42 人！这个数字显然是我们所始料未及的。每个学期班里总会有个别学生流失，大家都觉得这种现象很正常，就像一碗水里溅出了一滴，谁也不会有太多的遗憾。但是通过老主任细心的汇总，我们才意识到身边竟少了那么多熟悉的身影，尤其这个寒假回来，又有 17 名学生不知去向。

无需任何批评，这串数字已经足以让我们警醒！惭愧的心情写在每个人的脸上，老主任看着我们，语重心长地说："到学生家中去看看吧，那儿一定有你们要找的答案。"

凛冽的寒风和节日的繁忙没有阻挡住我们热情的脚步，根据学校的统一部署，我和同事来到了崔召镇的葛慧敏同学家中。这名学生家境贫寒，她多次有辍学外出打工的念头，只是在我的劝说下一直都在坚持，但是她还是没有坚持到底，寒假后没有返校。乍一看到她家的情形，我感到很震撼。在为人师的这些岁月里，我去过很多学生家，但这么贫穷的我还是第一次见到！院墙是用大小不一的石块垒成的，院门是用四块木板钉在一起，四间低矮的小屋里杂乱地摆着几件破旧的家具。把我迎进屋子后，她母亲急忙拿出一条凳子请我坐下。我半坐在吱嘎响的凳子上，一动也不敢动，她发现后非常尴尬，连连给我解释："家里本来还有一条的，前几天刚坏了，准备去买，一直没倒出工夫。"我笑了笑赶紧岔开了话题。在跟她家长聊天的过程中，我心里一直酸酸的，如此贫寒的家境却坚持把孩子送去上学，这样的家庭值得我敬佩！我坚决不会让葛慧敏离开校园的！于是，我向家长承诺，回校后立刻向学校反映，争取为孩子申请贫困补助。临走时，我又偷偷地把200元钱塞在装礼物的袋子里。

刚坐上回家的车，电话就响了，那头传来葛慧敏母亲的哽咽声："老师，你怎么还给俺留下200块钱，俺刚看见，赶忙给你打电话。俺家里也没啥东西给你，你大老远地跑来却拿这拿那的，俺……呜呜……"我急忙安慰她："这点钱留给慧敏交书费吧。""谢谢您了，老师，慧敏跟着您，俺放心，俺一定让她念到底。"

葛慧敏回来后，我又给了她100元钱，并为她找了一份去学校餐厅帮厨的活，帮她节省了一大笔生活费。我知道，因为我的爱，得到了家长的理解和支持，也感动了学生，给了她坚守下去的力量，让她又回到了美丽的校园。

有人说，心灵的距离等于脚下的距离。的确，当我们舍弃那份安闲舒适，赶到学生家中送上问候的时候，家长和学生都会非常感动。朴实的他们用最纯朴的行动来表达心中无尽的谢意。此时的一个关切的眼神，一句嘘寒问暖的话语，都远远胜过平日里天苦口婆心的教育和训导。

在我的帮助下，葛慧敏成长得很快，各个方面都表现特别优秀，舞蹈尤其出色，被舞蹈老师选入校队。葛慧敏很珍惜这个机会，训练非常刻苦，老师们都很喜欢她。可是突然有一天她告诉我说不想练了，我很诧异，问她原因。她说每次跳完舞后都会腿疼。我担心她身体有问题，急忙表示可以带她去医院看看。但她淡淡地拒绝了，并表示周末让她妈妈带她去。第二周，我问她检查结果如何。她说没有大问题，医生给开了一些药，按时吃药就行。我信以为真，又叮嘱了几句就让她回教室了。可是第二天，班干部向我反馈说，晚休回宿舍后，葛慧敏在被窝里哭了很长时间。我觉得她一定有事瞒着我，就打电话给她妈妈。电话的那头，妈妈一头雾水，只知道女儿这周回家心情不太好，无精打采的。我把葛慧敏叫到办公室，告诉她说："有困难一定告诉老师，因为在学校我是你最亲的人。"听了我的话，葛慧敏开始流眼泪。在我的再三追问下，她哭着告诉我说，校舞蹈队需要购买统一的训练鞋、衣服还有扇子，大约得三百元钱。现在正值春耕，家里买化肥农药的钱都是跟邻居借的，家里这么困难，自己无论如何也张不开口跟父母要钱，于是决定退出舞蹈队。真是个懂事的孩子！了解了原因之后，我决定帮她。出乎意料的是葛慧敏断然拒绝了，她说："老师，您已经帮我够多了，我就是个无底洞，您帮不完。再说，我觉得带着这么重的恩情上学，心里很有负担。即便去不了校队，我也会利用舞蹈课好好学习的。"我能读懂她的心情，每份尊严都值得尊重，即使是那些需要帮助的弱者，他们也有自己的尊严，也需要别人尊重。但是进校队是个很好的机会，对她今后的成长大有帮助。可是怎样才能帮助她祛除负担并渡过这个难关呢？我想了一会，小心翼翼地跟她说："我们俩签个约定吧，以后需要钱而家里没有的时候就跟我借，等你工作之后有了钱再还我，没有就算。因为钱以后可以再赚，但是学习的机会可能一去不复返了。"对这个主意葛慧敏有些惊讶，她想了想，愉快地答应了："这样可以，我赚了钱一定会先还您的。"还不还我并不放在心上，关键是能让她感觉有尊严地站在我面前，站在同学们面前，我就知足了。就这样，葛慧敏穿上了新买的衣服和鞋子，又回到舞蹈队。

"每个孩子就是一本书。"当我们用心阅读的时候，，会发现他们的脆弱和无助，会发现他们的渴求与向往。给予他们需要的一切爱和力量，带他们走出心灵的阴霾，这是我们班主任的使命和责任。天有阴晴月有圆缺，但星空有了爱的凝望，就一定会灿烂如常。

军训随感

一、不要门缝里瞧人

今天是军训的第一天，也是新生开学的第二天。按照惯例，先是领导和总教官训话，然后开始分配教官。这时，我的心里有一丝忐忑，多年的班主任经验告诉我，一名作风严谨干练、训练时严慈并济的教官更容易让学生们尊重和信服，训练起来更有效果。20 名教官站成了长长的一列，一个个身材高大、魁梧的教官陆续安排完毕。"万教官，11 连！"一名瘦小、单薄的教官友好地伸出他的手，我竟有些迟疑，面对一群娇气、柔弱的女生他能胜任吗？在礼貌的握手之后，我看了看我的学生，她们很多人的眼神中也有和我一样的失望。

服从是我和学生唯一的选择，我只能暗暗告诉自己，大不了自己多吃点苦，多靠靠班。上午的军训按部就班地开始了，我没有看到"亮点"，也没有看出"瑕疵"。

按照规定，下午 2：40 开始军训，我不到 2 点就到了教室，一个人也没有，我又马上往宿舍跑，半路碰到班里的走读生，她们也没找到"队伍"。我以为学生睡着了，赶紧安排一个学生跑步去宿舍叫醒她们。很快学生回来了，说宿舍里没有人。我有些慌，也有些生气，她们会去哪儿呢？我明明说过 2：20 在餐厅东边集合的呀！操场西边有三四个班级，我眼睛有些近视看不太清楚，待走过去一看，还真是我的"兵"，我板着脸问她们为什么不按我的要求集合。学生齐声回答说："教官说只许我们等他不许他等我们，我们怕迟到所以提前集合了。"我是班主任！我的话竟然被无视了，心里不免有些酸溜溜的。可是对这个"小教官"，却暗暗有些赞许，半天的时间他就让学生这么守时，看样子是有点真功夫！

下午的军训有板有眼，我和搭档马老师甚至认为我俩在操场就是多余的，万教官的口令非常清楚，示范标准，点拨到位，我们俩几乎帮不上任何忙。于是，悬了一上午的心一下子放了下来。想想上午还门缝里瞧人，不免深感惭愧。

二、一瓶水一起喝

今天是军训第二天，学生陆续进入疲惫期，早晨集合的时候就有一个体质较弱的学生差点晕倒。天空艳阳高照，没有一丝的风，老天爷超乎寻常的热情，把整个操场晒得暖暖的。阵阵热浪袭过，孩子们的衣服被汗水浸湿了又被阳光晒干了，一层黝黑挂上稚嫩的脸庞，身上处处透着疲惫。

一瓶瓶一杯杯的水喝下去又化作汗流了出来，学生的嘴唇都是干裂的，我回办公室倒了瓶温开水，递给一个嘴唇发干起皮的同学。她接过瓶子，把瓶子离嘴巴五厘米，往嘴里倒了一小口，还没等我反应过来，她就传给了旁边的同学，这个同学也照例倒了一口，又传给了下一个。每个人都很自觉地往嘴里倒，嘴巴都没有碰到瓶口。同饮一瓶水是极不卫生的，我本想去制止，可是看到她们都主动为别人着想，自然传递，丝毫没有嫌弃对方的样子，我却失去了制止的勇气。就这样，二十几个人，同饮了一瓶水！我顿时感动不已，因为瞧她们口渴的样子，每人半杯水不成问题，她们却没有一个人独饮！而且这瓶水没有只在自己的同学间传递，也传给了另一个搭档班级。才一天的时间，两个班级的同学已经自然地融合到了一起！

当我把这件事讲给马老师听时，她也被同学们的正能量深深地感动了。"军训，不只是训练学生的体能和一些行为规范，更重要的是它让学生懂得了相互关心、相互照顾，让她们在艰难的历练中学会团结。"这是我俩的共识。趁着休息，我俩把学生狠狠表扬了一番。得到肯定和赞美，学生们的激情陡增，在接下来的训练中更加努力。

两天的军训，让学生收获了很多，这笔宝贵的财富会让她们享用一生。饮水不忘挖井人，学生的进步离不开教官的教诲，对万教官的谢意和敬意在心中弥漫。

三、跟学生要"礼"

今天是军训的第三天，5：50 我准时到达西餐厅门口的学生集合处，学生早已列队准备出发。我跟在队伍的后面向操场走去。半路，七班一个学生悄悄走近我，低声说了句："老师，教师节快乐！"我一怔，这两天忙忙碌碌，竟忘了今天是教师节。可更让我意外的是，第一个送我教师节祝福的竟不是我自己班级的"亲学生"，而是来自搭档班级——七班的学生。我在被这个细心的祝福感动的同时也有一种小小的失落。我看了看我的学生，她们似乎压根就不知道这个日子。是啊，天天高强度的训练，她们累得浑身酸痛，哪有心思顾及这个，这样想着，心就释然了。

早饭后，当我再次站在队伍前面的时候，突然想起《三字经》里这么几句："子不学，非所宜。幼不学，老何为。玉不琢，不成器。人不学，不知义。"学生就是一张白纸，你在它上面画什么她的心中就会留下什么，所以，"教不严"，是"师之惰"。我得让学生知礼懂礼，这是我作为老师的职责，于是我决定跟学生要"礼"。

"今天是几号？"我一脸严肃地问。"9 月 10 号。"声音很小，可见知道这个日子的学生不是很多。我没有说话，把目光投向体育场的看台，故意做出一副意味深长的样子。人群里蹦出几个声音："今天是教师节。"我依然没有说话，也没有看她们。这时几个比较机灵的学生似乎读懂了我的心思。"老师，教师节快乐！"其他同学似乎恍然大悟，声音大了许多："教师节快乐。"我转回头，笑着逗她们："你们说什么？我好像没听见！""祝老师教师节快乐！"大家异口同声，声音响彻了整个操场。

"我比较喜欢有礼貌的学生，谢谢你们的祝福！"顿了一下，我又郑重地说道，"今天这个祝福实际上是我跟大家要的，这不是我的本愿。我是希望大家记住这个节日，记住在我们成长道路上每一个辛勤付出的老师！要永远怀有一颗感恩的心！"

大家若有所悟地点点头。受到我们两个班的感染，其他班也纷纷把祝福送给了老师。听着操场上此起彼伏的祝福声，我知道这个"礼"要对了！

四、先救谁的纠结

今天是军训的第四天，上午学生明显有些疲沓，万教官费尽心思地鼓舞她们，也不见昨日的士气。我和马老师在一旁干着急，软的硬的轮番使，都不见效果。正当我们一筹莫展的时候，有学生喊我们两个班去照相。说实话，这种照相有点例行公事的感觉，大家一本正经站成一排，摄影师咔嚓两声，就完事了。大家的情绪依然没有被调动起来。

不知是我挂在脖子上的单反还是校园湖边的美景触动了马老师的灵感，她跟我商量挤出五分钟的时间让学生跟教官照张相。一听要跟教官合影留念，学生顿时像打了鸡血一般，纷纷挤到教官身边，做好了各种准备。

这时马老师不失时机地抛给她们一个难题："如果我和教官同时掉到水里了，你们先救谁？回答满意就照相，不满意就不照！"

"都救！"学生都是机灵鬼，答案不偏不倚。

"不行，只能救一人，先救谁？"万教官增加了难度。

"先救马老师，因为教官会游泳，老师不会游泳。"

"我也不会，怎么办？"万教官步步紧逼，让她们二选一。

"先救马老师，因为马老师个子矮，水会先淹没她，教官个子高，淹不着。"

"马老师是女的，教官是男的，女士优先！"

"对，教官体质好，能在水里扑腾一会，马老师体质弱，先救弱者。"

"教官是一个无私的人，他一定希望我们先救马老师。"

两者必选一的时候，学生几乎都选择先救马老师，个矮、女性、体弱，这些理由无可辩驳，让被后救的人确实无话可说。但是细心的她们还是兼顾到了教官的心情，最后一个回答恰到好处地安抚了万教官，让他不会因为被"扔"在湖里而失落。

同学们机智的回答赢得了教官的赞赏："大家做得很好，老师每天陪我们军训很辛苦，她们都是世界上最伟大最值得尊敬的人！所以应该先救马老师！"掌声和喝彩声纷起。

这时，围在我旁边一名学生悄悄对我说："老师，您辛苦了。"刹那间，我觉得这几天的辛苦付出都是那么值得！

"先救谁"本就莫衷一是，马老师的本愿也并非想找出一个满意的答案，而是力图借这个话题活跃一下气氛。可是我们在收获热烈的同时，还收获了温暖。透过学生不经意的回答，我看到了学生内心的善良、细心和对老师的尊重。一块璞玉，几经雕琢，终成大器。所以我有理由相信，这些刚跨入职校门槛的学生，在老师们锲而不舍的雕琢之下，也一定会更懂伦理更明是非，一定会有所作为。

感谢马老师，感谢教官，用润物无声的方式给孩子们上了一堂精彩的德育课！相信她们会永远记住这个瞬间！

五、是花卷、面包还是豆腐块？

今天是军训的第五天，上午继续进行常规训练，下午训练的内容主要是整理内务，教官要求所有同学将床垫、床单、被子带到操场上去。

内务整理普遍是班主任比较头疼的事。有些学生从小被父母代劳了，根本不会叠被子，"折被子""卷被子"的现象每年都有。女生班整体还好一些，但离标准也有很大差距。所以今天下午特别关键，必须靠上指导。

操场上，放眼望去，全是花花绿绿的被子，场面很是壮观。我没看到万教官的影子，这时一个同学指着一堆人说，教官正在那里教同学们叠被子呢。我费了好大劲才挤进去，只见万教官正跪在床垫上，一边示范一边讲要领："用拇指和食指捏住被子的边，'豆腐'的边就是用四个手指头捏出来的。"后背已经完全被汗水浸湿了，豆大的汗珠不停地从他那宽大的额头滚落下来，万教官用袖子擦了一把，继续示范："捏的时候要从中间开始，先上后下，慢慢来，不能心急。"在一旁观看的学生忍不住皱起了眉头，大呼好难！当教官把他的"作品"完成之后，学生禁不住鼓起了掌。

把握要领之后，学生开始实践。她们把被子铺平整，然后模仿教官的样子一步一步小心翼翼地进行着，平时很灵活的两只手现在却变得异常笨拙。第一次叠得很不成功，学生互相打趣，说这个像"花卷"，那个像"面包"。有些急性子的学生接连叠了两三遍都不成形，气得用手锤被子，或者把被子揉成一团扔到了一边。教官忙走过来安慰这些学生，并和她们一起叠。我和马老师看到学生笨手笨脚的样子也忍不住直摇头，走上前去帮忙。马老师索性跪在床垫上一点点的指导，那一丝不苟的样子，俨然就是一个穿着便装的女教官！在教官和老师的带动下，学生慢慢耐下心来，一板一眼地整理着。她们还互相帮助，叠得快的帮助叠得慢的，叠得好的帮助叠得差的，过了一会儿，除了几床特别厚的被子，基本上都成了豆腐块，看着自己的"作品"，学生都特别高兴，纷纷让我给她们拍照留念。

通过整理内务，学生明白了做任何事都要全身心地投入，要耐下心认真去做，重视每一个细节，做好每一个细节，只有这样，才能完成属于自己的"杰作"！

任何一个难忘的瞬间都应该被记忆，等她们毕业的时候，再回首自己曾经走过的路，她们一定会为这个精彩的下午而会心地微笑。

六、老师，我们必须赢

今天是军训的第六天，因为下午就要会操预演了，所以上午大家训练得特别认真。下午预演的时候，学生都有些紧张。因为万教官告诉她们："预演场也是战场，必须高度认真对待！"应该说，在平日的训练中，学生表现相当不错，我和马老师私底下都认为如果不出意外，我们连将稳拿全校前三名，所以我俩还是比较放心的。再者，作为班主任，我们更看重学生在军训中养成的良好道德规范，增强学生的集体荣誉感，分数只是检验学生训练成果的一个指标。为了放松学生的心情，我悄声安慰身边的几个学生说："别紧张，咱只要尽力就行。"但我的"善解人意"学生并不领情："不，我们必须第一！""老师，我们必须赢！"声音不大但很有力量，我微微有些震撼。有几年没当班主任了，游走于班级之外，我几乎淡忘了这种"荣誉之争"，从没奢望在军训中拿第一。平日的训练之所以要求严一些，是为了让学生早点懂规矩，以后管理班级更容易些。

没想到，学生给我树起了更高的标杆，她们的想法简单而又明确——必争第一。都说不想当将军的士兵不是好士兵，我不知道这群想得第一的学生是不是好学生，但是我敢说，这样的学生一定都是积极向上的、勇于奋争的！这样的班级一定是非常有向心力、凝聚力的，这个班级的班主任也一定是非常幸运的！

七、教官，别走

这是军训的最后一天，也是检验训练成果的关键时刻。一大早，学生就集合好队伍等着教官了。我当了将近 20 年的班主任，仍然抑制不住心中的兴奋，不到 4 点就醒了。我不知道这群孩子是不是和我一样激动得早早起了床，但我看得出，她们都已经做好了充分的准备。万教官一直不停地给她们打气，还逗她们说："今天的比赛，如果你们表现好，我以后就来看你们，如果表现不好，我绝对不来！"可能想到即将和同甘共苦了一周的教官分别，学生的情绪不但没有高涨反而低沉下来。我赶紧偷偷戳了下万教官，他也意识到这句话不很得当，赶紧转换话题，调整好学生的情绪。

轮到我们班上场了，我的心紧悬着，担心出现什么意外。事实证明我的担心是完全多余的，学生表现得非常优秀，各个环节都很流畅，我们班顺利地拿到了优胜奖。但是，就在会操表演刚刚结束，评比结果还没出来的时候，教官们就集合离开了。看到教官们跑步离开操场的一瞬间，学生忍不住流下了眼泪，分别来得太突然，她们根本没有准备好！

操场上响起一片啜泣声。短短的七天里，万教官和学生结下了深厚的革命友谊。他的人格魅力、他的训练方法和风格，已经让学生深为折服。虽然离别是意料中的事，但是当这一刻真正来临的时候，她们都不愿接受这一事实。两个班的女生哭得稀里哗啦，她们小声喊着："教官，别走！""教官，等等我们！"我和马老师也非常欣赏、钦佩万教官的为人，与他离别也很伤感，受学生情绪的感染，我俩也忍不住落了泪。

颁奖结束之后，各班都组织带回了，我们两个班的学生还不愿离开，也许她们还想在操场上寻找、回味教官留下的回忆。是啊，她们还没来得及跟教官说声谢谢，甚至还没来得及说声再见，教官的身影就消失在她们的视线里。我从孩子们婆娑的泪眼里，看出了她们的感激，她们的依恋。带着这种真情开始新的征程，我相信她们收获的也一定是满满的阳光。

"后进生"转化策略

班里的学生大都积极上进，但也总会有那么几个我们平常所说的"后进生"，学科成绩差，上课不遵守纪律，甚至顶撞老师，让很多任课老师深感头痛。其实，"后进生"并非一直"后进"，只要班主任工作得法，也会把这些学生转化成充满正能量的人人喜爱的"先进生"。

一、交流沟通，建立情感信任

这些"后进生"因为学习成绩差，上课不认真听讲，甚至各种捣乱，不太受各科任课老师的待见。但是，如果跟这些学生多沟通交流，我们就会发现这些学生一开始或许并不"后进"，只是在某个阶段因为某些原因导致某部分知识没有听懂，又没有及时找老师请教，从而越落越远，慢慢地就会对这个科目失去学习兴趣，甚至对任课老师产生抵触情绪。有些比较极端的同学就有可能在课堂上做出异常举动，引起老师的不满。作为班主任，遇到这种情况时一定要冷静。如果只是简单地劈头盖脸批一顿，甚至惩罚一下，只会暂时让学生表面上服从，并不能从根本上解决问题，甚至有些极端的学生会变本加厉地破坏纪律，这时候就很难收场。最好的办法就是化"敌"为友，通过聊天、团建等方式消除师生之间的敌对情绪，把学生变成自己的"盟友"。在日常生活中，我们可以通过自己的语言、动作、表情传递给学生亲切、信任、尊重的情感信息，从而建立良好的师生关系，让学生愿意跟你交朋友，愿意向你敞开心扉。通过师生之间良好的情感沟通和交流，我们就可以了解学生的问题症结所在，进而对症下药，因材施教，帮助他们克服自卑感和对学习的恐惧感，实现学习上的进步，从而博得学生的尊敬和爱戴。

二、敏锐观察，发现闪光点

"尺有所短，寸有所长"。班主任要有一双慧眼，要善于发现和捕捉"后进生"身上的闪光点，一旦发现他们的一点点进步，都要及时给予肯定和鼓励。譬如一个经常迟到的同学，现在能够踏着铃声进教室就是一种进步，我们可以鼓励他，如果下次能在铃声敲响之前进入教室会更好。慢慢地，你会发现这个孩子真的会在上课铃响之前进入教室。再比如，某个学生数学成绩较差，只要一上数学课就趴着睡觉，或者跟其他同学说话，总之就是上课不好好听讲，很是让人头疼。通过观察，我发现这个学生的空间想象能力很强，每次考试只要涉及几何方面的知识，总能做得很好。于是，我就鼓励这名学生："你看你还是很有数学天赋的，一般同学一看到几何题就蒙圈，而你一看就会，他们还得向你请教呢！给你点个赞！"学生腼腆地笑了，说自己原来的数学还不错，上初中时因为生了一场大病，落下课程了，代数和函数部分没学好，现在上课感觉像听天书一样，一点也听不进去。我继续鼓励他说，几何好的孩子都是聪慧的孩子，我建议你跟咱班的数学课代表结成帮扶对子，你们俩相互切磋，我相信以你的聪明才智一定能把落下的课程补上。"我的鼓励给予他莫大的自信，他采纳了我的建议，一有空就主动向数学课代表请教，上课也能认真听课，不再趴着无所事事了，有时甚至会主动回答问题。经过半个学期的努力，他的数学成绩有了明显提高，其他学科也"齐头并进"。

三、创设机会，激发自信心

对于大部分后进生来说，由于学习成绩差，再加上老师的漠视、家长的不待见，他们往往会产生自暴自弃的心理，对自己丧失信心。所以，对于后进生，我们要善于发掘他们身上的潜能，在日常生活中多关心、鼓励他们，对他们进行正向强化，给他们加油打气，多强调"你能行""你可以"。同时，要积极创设成功的机会，让他们体验到成功的喜悦和成就感，进而激发他们的自信心。例如，我班的张芸和李娜同学，文化课和专业课成绩都很差，但是她们喜欢画画，上课的时候不喜欢听课，一直不停地在本子上涂涂画画。张芸擅长画漫画，李娜的人物画画得特别好。正好学校团委组织创办手抄报活动，于是，我就把这个任务交给了她俩，从版面设计、绘画到内容安排，全由她们自己做主，并鼓励她们"一定能办好"。一开始她俩特别不自信，因为她们从来没有干过这么大的"工程"。我鼓励她们说，"老师相信你们""你们一定能行"。在她们设计的过程中，我也时常过去观摩，看到她们的设计稿，我表扬她们说"创意不错"；看到他们画的画，我更是大加赞赏，"画得太漂亮了""真是心灵手巧"，受到表扬的她们，干劲儿更足了。画完以后，我把她们的作品在全班进行展览，收获了同学们热烈的掌声。后来，她们的作品获得了全校一等奖，两人高兴极了，说这是她们人生中获得的第一个大奖。我因势利导，对她们大加肯定和表扬，进一步增强了她们的自信心。

　　当然，后进生的转化工作不是一帆风顺，一蹴而就的，出现反复也是正常现象，所以，我们要有足够的耐心和坚定的信心，相信这些迟开的花也能绽放出美丽的花朵。

学会在逆境中成长

现在的孩子大多是独生子女，他们的生活实在是太顺遂、太安逸了。父母为了他们生活得幸福快乐，为他们创造了优厚的物质条件，宁愿自己多吃点苦，也不愿让孩子受一丁点儿委屈。实际上，过分的宠爱对孩子成长非常不利，这会阻碍孩子自立自强的健全人格的发展。而适度的挫折教育，则能培养孩子坚韧的品质，完善孩子的人格。

不经历风雨，怎能见彩虹？现实生活中，人难免会遭遇失败和挫折。对于学生来说，受身心发展水平的限制，心理承受能力较差，有时候一点小小的挫折和失败，就会对他们产生很大的打击。他们会不知所措、失望退缩，丧失热情和信心，甚至出现逃学、离家出走、抑郁或者自杀等现象。作为班主任，要有意识地对孩子进行挫折教育，让孩子经历"风吹雨打"，不要做温室里的花朵。要指导孩子学会克服困难，勇于面对挫折和失败，从挫折中学到更多经验，成为生活的强者。那么，如何对中学生进行挫折教育呢？我觉得可以从以下几个方面入手：

一、正确认识挫折

教师首先要让学生明白，挫折在生活和学习中是不可避免的。人的道路不可能是一帆风顺的，总会遇到坎坷。例如有些学生会因为考试没考好，被批评后产生不想学习的消极情绪；有些学生会因为身体肥胖或体质差而自卑；有些学生会跟同学因日常琐事或者误会产生矛盾，而情绪低落、意志消沉……这时候，就需要班主任老师多关心他，引导他，鼓励他，使他重新振作起来，帮助他树立信心，避免"破罐子破摔"。并且告诉他挫折并不可怕，我们要将挫折变成前进的动力。帮助学生树立起战胜困难和挫折的勇气和信心，提高克服困难和抗挫折的能力。

二、创设挫折情境

挫折情境就是为了培养孩子抗挫折的能力而创设的一些困难的"情景"和"境地"。创设挫折情境，是锻炼孩子的挫折耐受力、磨炼学生意志、培养自强精神的好方法，对于锻炼学生性格、维护和增进学生的心理健康都具有十分重要的意义。现实生活中，并不是每种挫折都会遇到，主动创设挫折情境则可以弥补自然挫折情境的不足，使学生耐挫能力得到很好的锻炼。现在的孩子太娇气，稍微有点挫折就不能忍受。爱默生曾说过："挫折是人生前进的动力和重要启示，在逆境中，人才能真正展示自身的实力。"所以，在平时的学习生活中有意识地给学生一点挫折，让他们吃点苦头，这会使他们受益终身。比如，在设计实践活动时，我们可以设计一些小障碍，让学生感受痛苦，磨炼意志，增益其所不能。在学科教学中，当教师看到学生陶醉于自己的成绩之中忘乎所以时，可有意识地设计一些难度较大的题目，让学生体验一次失败，让其在挫折环境中磨炼意志，这对于培养学生顽强的意志也是非常有帮助的。

三、正确对待挫折

宝剑锋从磨砺出，梅花香自苦寒来。不经过艰苦的磨炼，就像温室里的花朵一样，没有强大的生命力。作为班主任，在学生遭遇挫折时要教育他们勇敢面对，在失败中总结经验，顽强努力，克服重重困难取得成功。班里一名学生，初中时学习非常刻苦，父母对他的期望也很高，可是中考成绩却不理想，最后考入职业学校。入学后，他的情绪一直十分低落，有点破罐子破摔的倾向。看到这种情况，我主动找他谈心，告诉他，失败并不可怕，必须勇敢地战胜挫折，站起来。古今中外，凡是成就大事业、大学问的人，都经受过磨难和挫折。然后，我以司马迁《报任安书》一文中的名人为例，告诉他，周文王、孔子、屈原、左丘明、孙膑、吕不韦、韩非等这些名人都曾饱经磨难，但他们身处逆境仍然自强不息、奋力拼搏，最终有所成就。经过多次谈心，他开始冷静地分析失败的原因，重新振作起来。在自己的刻苦努力下，他的学习成绩一直在全校名列前茅。在教学中渗透挫折教育，关键在于引导学生怎样正确对待挫折。因此，教师要让学生明白理想是美好的，实现理想的过程却是漫长的、曲折的、艰巨的，要鼓励学生具有战胜困难的勇气，不怕吃苦，不畏挫折，即使身处逆境也不能颓废，要想办法走出逆境，满怀激情地生活。

让学生学会面对挫折、战胜挫折不是一朝一夕的事情。作为班主任，我们必须从现在做起，让他们走出温室，经受艰苦生活的磨练。只有这样，我们的学生才会正确认识挫折，学会克服困难、战胜挫折的本领，在未来激烈的竞争中立于不败之地。

学会放手

不知不觉间，做班主任已经近二十个年头了。在刚做班主任的前几年，因为年轻，有的是时间，有的是精力，有的是热情，我就像全职保姆一样，把学生从早到晚都管得严严实实的：每天早晨 5：30，要到宿舍去看他们起床了没有，然后督促他们洗脸、刷牙、叠被、扫地、整理内务，如果打扫不合格，我会让他们在跑完早操后重新打扫，一直到我检查满意为止；6：10 又要带着他们站队跑操，督促他们到餐厅吃饭，吃完饭后；7：00 组织学生打扫环境和教室卫生，发现学生有打扫不干净的地方，我会亲自动手；每周二下午的大扫除，我也会亲自到现场指挥，这儿要扫，那儿要擦；每天早中晚预备铃之前，我都会早早地来到教室，检查有没有学生迟到；在没有课的时间，我也会时不时地到教室周围溜达一圈，看看有没有学生不遵守纪律；晚自习结束后，我还要看着学生站着队回宿舍，督促他们按时上床睡觉……

在我无微不至的"关怀"之下，班级取得了优异成绩，获得了"文明班级""先进班集体"等荣誉称号，学习成绩也在全校名列前茅。一切存在形式，皆是双刃剑，在优秀的背后也产生一些问题：一天下来，我口干、腿酸、心累，躺在床上一动也不想动；学生对我养成了依赖心理，没有我的督促、提醒，起床也不及时，内务也整理不好，值日生也不知道按时打扫卫生；大扫除时学生只是站在一边，偶尔拨一拨，动一动，一副懒懒散散的样子。我不禁有些郁闷：我身先士卒，事事做学生的表率，难道错了吗？后来，我向一位有多年班级管理经验的优秀班主任请教，她告诉我，做一名优秀的班主任一定要学会放手，要相信学生，不要什么事都大包大揽，这样不但累坏了自己，也影响孩子进步。

在她的指导下，我改变了原来的工作策略，不再像原来那样事事亲力亲为，而是像著名教育改革家魏书生所说的那样，把班级当作一块地，把这块地给分了，让每位学生都去承包。把班级的卫生、纪律、劳动等事务都交给学生去做，让每个学生都有事可做。我现在是指挥员，而不再是战斗员。我要做的就是想方设法调动学生的积极性和主动性，让每个学生都成为班主任的助手，逐渐加强自我约束能力，增强自我管理意识，养成独立自主的好习惯。这样既培养锻炼了学生，也减轻了班主任工作的负担。

有一次，学校团委组织文艺汇演，要求每一个班级出一个节目。那时候，正好赶上学校要组织计算机操作师考试，时间非常紧张，我怕耽误孩子们复习，便想要放弃，可回到班里跟同学们一说，同学们却热情高涨，都想去参加。学生们跟我说，老师你不用管了，我们自己组织就可以了。于是，我就真的放手了，同学们自编自导自演了一台小品，从台词到舞台设计到解说串词，我全程都没有参与，全都由他们自己一手操办。结果，那次演出很成功，获得了全校一等奖。同时，学校里组织的计算机操作师考试也没落下，通过率百分之百。我很是为这些学生感到骄傲，感觉他们真的长大了。从此，我也更放心放手让他们自己去处理班级事务了。

当然学会放手，并不是说对班级放任不管。如果学生遇到了自己解决不了的问题时，教师还是要主动帮助、鼓励学生，引导他们摸索出合适的解决问题的办法。有一次卫生委员气冲冲地去找我说："老师，咱们班的卫生防区打扫得不干净，我让他们回去重新打扫，他们都不去。"我问卫生委员："是所有组都打扫得不干净，还是个别组？"卫生委员告诉我说是李宇萌组和谭秀慧组，我说："你知道你犯了一个什么错误吗？俗话说，擒贼先擒王，做工作也要抓住重点和关键。比如说今天这件事，你就应该先把这两个组长叫过去，告诉他们哪个地方没有打扫干净，然后让组长领着具体负责人按照你制订的标准去打扫，等他们打扫完之后，你再去检查。"卫生委员听了我的话，恍然大悟。以后再遇到这种事情，她就知道该如何解决了。

多年的班主任管理，让我总结出一个经验：那就是在班级管理中，班主任要学会放手，给学生充分的锻炼机会，教学生学会自立、自治，让学生做班集体的主人。只有这样，才能管出优秀，管出健康，管出幸福和快乐！

倾听，叩开学生的心扉

在班主任工作中，要想走进学生的心灵世界，就要学会倾听，只有这样，我们才能感受到当代中职学生丰富的内心世界。著名教育学家苏霍姆林斯基曾经说过："教育艺术的基础在于教师能够在多种程度上理解和感觉到学生的内心世界。"而倾听就是一种最好的方法。

但是在实际工作中，班主任因为这样或者那样的原因，并没有耐心去倾听。要么对学生的发言"充耳不闻"，担心会影响自己正常的教学秩序，漠然处之；要么对学生的发言"应付了事"，表面上说"好的，我知道了"，实际上并没有往心里去，事后就把学生的话抛之脑后，根本没有去调查或者采取措施；要么对学生的发言"粗暴打断"，学生话还没说完，老师就已经有了自己的主观判断，根本不给学生解释的机会。

一天，班里一名经常迟到的同学又被我抓住了。他试图向我解释："老师，我……""都几点了才来？你这次又是什么理由？是电动车没气了，还是肚子疼的老毛病又犯了？怎么每次迟到都有那么多理由？"我根本没给他机会，便接过他的话劈头盖脸地训斥了一顿，然后就不再理会他了。后来我才了解到，那天早晨，他妈妈起床时觉得身体不舒服，他不放心妈妈一个人去医院，于是先把妈妈送去医院，所以来晚了。得知真相的那一刻，我非常后悔，也意识到自己错得有多离谱，我剥夺了孩子倾诉的权利，没有听他把话说完就斥责他。于是当着全班同学的面真诚地跟他道了歉，并表扬了他的孝顺。他憨憨地笑了笑，说："老师，没事的，谁让我平时总爱迟到，给您留下坏印象了呢。"古人云：人之相交，贵在交心。所以，教师要放下架子，蹲下身子交流，多听听学生们的心声，哪怕工作再忙，也要给学生说话的机会，不能仅凭自己的臆断去对待学生。

倾听可以更好地了解学生的内心世界。作为班主任，我们有时候会觉得自己已经非常了解学生了，其实也不尽然。刘娜娜是在一个学期之后，从普职融通班转入我班的，一开始成绩还是很不错的，可是随后的几次月考中，没有一次成绩是理想的，呈断崖式下滑的态势，而且最近表现也非常反常，上课不是说话，就是吃东西，卫生也不好好打扫，老喜欢跟卫生委员顶撞，成了班级里的刺头。她的反常表现引起了我的重视，我对她进行了一番严厉的批评之后，又心平气和地坐下来跟她进行了一次深入的交谈。我告诉她，我对她的印象一直很好：勤奋，懂事，有礼貌，守纪律，到底发生什么事情导致情绪不好？如果有什么解决不了的事情可以告诉老师，老师会想办法帮你解决的。我的一番温言软语终于击溃了她伪装的盔甲，她在我面前放声大哭，哭完之后，她告诉我，原来最近她的父母一直在吵闹离婚，她曾经哭求爸妈不要离婚，但是没有效果。爸爸已经好几个月没有回家，最后没有办法了，她就希望通过这种"作"的方式引起爸妈的重视，逼他们不要离婚。真是个又傻又让人怜的孩子！了解了事情的原委之后，我主动约孩子家长进行了一次详谈，把孩子的表现和孩子的愿望告诉家长，希望家长不要因为处理不好家庭关系耽误了孩子的前途。家长知道后，非常后悔和自责。回去之后，夫妻两个达成了和解，为了孩子，学会彼此谅解，彼此宽容。而且从那以后，家长对孩子的学习也开始上心了，经常发微信或者打电话询问孩子在校的表现情况。而我也更加关注刘娜娜课堂上的表现，关注她的情绪变化，不时地找她聊聊天，让她感受到老师对她的关心。她的脸上慢慢有了笑容，又变得爱说爱笑了，上课积极回答问题，学习成绩也有了很大的进步，后来我给她安排了一个卫生组长的职务，她很开心地接受了这项任务，并且认真负责，得到了同学们的一致好评。

倾听可以更好地开展学生的思想工作。认真倾听学生的诉说，可以消除学生的抵触情绪，让学生更加信任你，进而更容易走进学生的心灵。我班有个叫刘文静的学生，名字起得很文静，但是人一点儿也不文静。上课喜欢讲话，平时又喜欢化妆、吃零食，考试成绩很不理想。这个女生有点儿小聪明，脑袋反应比较快，喜欢接老师的话茬，让任课老师很是无奈。我正准备找家长沟通的时候，文静的爸爸正好出差路过学校，顺便找我了解孩子在校的表现情况。一番交流下来，我了解到，原来孩子妈妈在她很小的时候便跟她爸爸离婚了，她爸爸一个人带着她从老家临沂来到平度生活，担心孩子受委屈，这些年也没有再婚，孩子妈妈偶尔会打电话过来。了解了孩子的家庭情况以后，我找刘文静进行了一次谈话。她主动跟我说起了她的妈妈，提到妈妈，这个倔强又不肯服输的小女孩哭了，她说她十分想念自己的妈妈，希望妈妈能够来看她。我告诉她："你想妈妈可以主动给她打电话，不一定非得妈妈打电话给你。而且现在交通这么发达，你想念妈妈可以坐车去看她，我想你妈妈肯定会很高兴的。你这么懂事，你一定想以最好的状态出现在妈妈面前，对吗？可你现在的表现……"小姑娘羞愧地低下了头，说："老师，我知道自己该怎么做了。"此后，她上课开始专心听讲，不再故意接老师话茬，而是积极举手发言。这孩子本来就聪明，自从上课认真听讲后，学习成绩也有了明显进步。我发现她的嗓音很好，很适合朗诵。这学期学校开展诗文朗诵活动的时候，我鼓励她报名。她也不负众望，获得了全校一等奖。看到她进步，我由衷地高兴。

倾听就是教师放下架子，微笑面对学生，加强彼此的沟通和交流。对教师与学生这两个特殊的群体而言，心与心的对话必然由真诚的倾听开始，这才是教育的真谛！

做情绪管理的主人

情绪是会传染的。作为班级的组织者和管理者，班主任工作情绪的好坏直接影响到班级工作的开展，甚至影响班风、学风的形成，所以，班主任必须学会控制自己的情绪，做情绪管理的主人。

中职学生正处在青春期，他们血气方刚，容易躁动，自我控制能力差，而且每个人的脾气、性格、处事方式各不相同，因此，每天班级里总会出现这样或者那样的突发状况。一些年轻的班主任，缺乏工作经验，一遇到不顺心的事就火冒三丈，学生稍一犯错，就大发雷霆，劈头盖脸地训斥，以此来发泄自己心中的怒气，这样一来，学生就会产生逆反心理。久而久之，学生就会通过故意捣蛋等方式来对抗班主任，还有些跟班主任直接对抗，搞得班主任焦头烂额，无所适从。

造成师生关系紧张的原因，与班主任的情绪激愤乃至失控也有很大关系。班主任绝非圣人，有自己的喜怒哀乐，但是班主任从事的是育人工作，其行为要做学生的表率，必须很好地控制自己的情绪，否则就会因小失大。一个人犯错，全班挨整，没有犯错误的学生心里就会各种不服气，进而影响师生关系；如果班主任不能很好地控制自己的情绪，简单粗暴地批评学生，就会损伤学生的自尊心，甚至会对班主任产生仇视心理。

心理学观点认为：情绪并非不可控制，遇到学生犯错或发生了特殊事情时要三思而行，不要让不愉快的情绪填满胸腔，要用理智和意志去控制情绪。人都会有消极情绪，关键的是把握"度"。因此，遇到事情的时候，班主任要能够巧妙地驾驭自己，使自己的情绪变化适可而止，恰到好处。那么，班主任要如何控制自己的情绪呢？

一、要心态平和，宽容地对待学生

"人非圣贤，孰能无过。"作为大人尚且有犯错误的时候，况且是一群十几岁的孩子呢！因此，在遇到学生犯错时，教师要保持心态平和，学会换位思考，将心比心，默默说服自己宽容和谅解学生：冲动是魔鬼，我是人类灵魂的工程师，不要跟这些孩子们太较真。在冷静的过程中，可以多想想学生的闪光点，用发展的观点来看待学生，慢慢地，你心中的怒气就会慢慢消散，变得心平气和，就会理智地处理问题，赢得学生尊敬。

二、要态度谦逊，耐心地教育学生

学生犯了错误，班主任切忌冲动行事，不分青红皂白地呵斥、谩骂学生，甚至推搡学生，这样只会激化矛盾，于事无补。要态度和蔼地先了解事情的原委，然后耐心地教育学生，让学生认识到自己到底错在哪里，应该怎样改正，使其心服口服。尤其是对"后进生"，更要关心、爱护他们，动之以情、晓之以理，绝不能用压制的方式使其服从。如果不控制自己的情绪，采用简单粗暴的做法来教育学生，会引起学生的反感，降低老师的威信。

三、要转移注意力，冷静地处理学生

有些老师遇事容易情绪激动，一旦学生犯了错，就会发怒，然后采用暴风骤雨般的方式发泄，仿佛只有这样才可以消解自己的心头之气，心理上才会得以平衡。殊不知这样的解决方式不仅会挫伤学生的自尊心，教师本人也会因此而郁郁不乐，损害身心健康。所以，当处于怒火中烧的状态时，最好的方法是转移注意力，冷却情绪。暂时将此事搁置不理，继续自己正常工作；或先让学生自己反思写检查。训练有素的教师总是善于用冷处理的方法保持泰然自若，使学生心悦诚服。

作为班主任，一定要学会控制自己的情绪。教育学生时一定不要简单粗暴，遇事要冷静，要善于控制自己的情绪。这样，不仅你的学生会受益，你身边的每一个人也会受益，而最终受益的是你自己。

学会运用团队的力量

我们都知道，班主任工作千头万绪，纷繁复杂。除了日常教学事务和班级常规管理事务之外，还要面对形形色色的学生和家长以及完成上级安排的填表、检查、评比、考核等其他任务，有时候忙起来分身乏术，恨不得自己有三头六臂才行。俗话说："一个篱笆三个桩，一个好汉三个帮！"一个优秀的班主任，要想把每件事情都做好，就需要学会运用团队的力量，合力解决问题。

一、发挥任课教师团队的力量

一个班级的各科任课教师就是一个教学团队，班主任就是团长。这些任课老师各有所长，班主任要充分调动起他们的积极性，促使他们参与到班级管理中，成为班级管理的智囊团，给班级管理工作插翼添翅。每接到一个新班，我都会提前建立一个任课教师班级群，班级的学生名单、座次表、各科成绩、班干部成员组成、班级管理规定等信息我都会发到群里，让每一名任课老师知道。班级里的一些特殊学生和特殊情况，我也会逐一告知任课教师，让任课教师心里有数。班主任每天有很多事要忙，不可能每时每刻靠在教室里，班级里有些情况，任课老师了解，班主任未必了解。于是，我每周召开一次任课老师交流会，及时向他们了解学生的表现。对于好的表现及时在班会上表扬，对于表现较差的同学单独找他们谈话，做好他们的思想工作，如果任课老师没时间，我会单独找时间跟任课老师交流。对于一些学困生和特殊学生的教育管理，我会和任课老师一起，共同探讨教育转化方案。对于班级出现的一些很难解决的棘手问题，我也会虚心向他们请教，和他们交流自己的看法，让他们帮忙出谋划策。班级里如果举行重大活动或者开展各类比赛等，我都会主动邀请任课老师参与，有了任课老师的协助，班级管理省心、省力多了。

二、发挥班干部团队的力量

班主任工作要想干好，组建一支得力的班干部队伍必不可少。班干部是班主任的左膀右臂，是班主任的得力助手，他们的任务就是帮助班主任去看、去听、去说、去做。这样既减轻了班主任的工作负担，又增强了学生的荣誉感和班级的凝聚力；既培养了班干部的自治自理能力，使他们终身受益，又能使班主任更快捷地掌握班级动态，及时发现和解决问题，把一些不良现象消除在萌芽状态。在班干部任用方面，班主任一定要有一双慧眼，发现每一名学生的优势和不足，然后根据学生的特长和优势，安排合适的岗位。比如我班的赖萌乐同学办事成熟稳重，责任心强，有较强的组织协调能力，自律意识很强，在班级中有较高的威信，我任命她担任我们班的班长，全面负责班级的各项事务。朱晓娜同学很自律，能吃苦，做事认真细心，老师安排的任何事情都能很好地完成，有较好的组织能力，我安排她担任我们班的副班长，主要负责女生宿舍的卫生和纪律……

这些班干部分工明确，各司其职，各负其责，做到事事有人管，人人有事做。班主任对这些班干部要给予充分的信任，要放手让他们大胆地干，给他们提供施展才华的机会。如举行主题班会，由班长负责制定方案，团支书主持；卫生大扫除，由卫生委员负责具体安排；举行文艺晚会，由文艺委员负责策划组织，制订方案。对于班干部在实施工作过程中出现的问题，要帮他们分析原因，找出解决办法。对于他们在工作中取得的成绩，要及时表扬。

三、发挥家长团队的力量

搞好班级管理，离不开家长的理解与支持。家长来自各行各业，都有自己的特长和优势，而且家长一般都很愿意为孩子所在班级建设出一份力，都很支持班主任工作。因此，一些班级事务和班级活动，班主任可以邀请家长参与，让家长切身体会班级的发展情况。比如学校组织技能运动会，我就会把邀请函发到班级家长群里，邀请有空余时间的家长来观看孩子们的比赛。孩子们一听自己的家长会来看自己比赛，肯定会更加尽力地训练，争取拿到一个好成绩，让父母为自己骄傲。平时，我还会通过家长群实时分享班级的各项动态，比如军训、课间操、晨读、体育比赛、文艺汇演、学生获奖等，让家长了解孩子的学校生活。当然，对于孩子在成长过程中出现的各种问题，我也会及时跟家长沟通，跟家长交换教育理念，一起商讨教育孩子的办法，使孩子健康快乐地成长。

教育的智慧是无穷的，班主任工作也不是单兵作战，作为班主任，要充分发挥教师团队、学生团队和家长团队的力量，形成班级管理的合力，共同搞好班级建设，使班级管理越来越好。

倾注爱心，培养信心

多年的班主任工作，让我体会到了个中的劳累与辛苦，但更多的是让我感受到被人尊重、被人认可的喜悦与幸福。正所谓一分耕耘一分收获，正是源于平日里的真心付出，我才收获了许多的快乐。回顾多年当班主任的经历，我的秘诀就是班主任必须要有一颗爱心，同时要对学生充满信心。

班主任要有一颗爱心，要把自己的心奉献给每一位学生，这样才能赢得学生的信赖与尊重。而学生如果尊重信赖自己的班主任，就会热爱自己的班级，就会自觉维护班级声誉。俗话说细微处见真情，在班主任工作中，我努力做到真诚地关心学生，热心地帮助学生。学生病了，我会主动送药，或者亲自带他去医院看病；并随时注意天气变化，及时提醒学生添减衣服，叮嘱他们好好吃饭。学生有了困难，我也会及时帮他们解决。虽然这些都是小事，但在学生的心中留下的记忆却非常深刻。当然，我真诚的付出也收获了丰厚的回报。我收获了学生更多的爱，收获了学生对我更多的理解和真心。有一次，我感冒了，上课时一直不停地咳嗽，嗓子又疼又哑，几乎说不出话来。下课了，我回办公室休息，第二节上课时，赫然发现孩子们悄悄地把我放在讲桌上的水杯倒满了热水，杯身上贴着一张粉色心形便利贴，上面写着："老师，记得多喝水哦！（笑脸）"甚至还有细心的同学在讲桌上给我放了一盒止咳药。看到这些，我的心里暖暖的。

同时，我也发现孩子们开始变得懂事了：我强调的各种规章制度，大家都会自觉遵守，认真执行；学校里组织的各项活动，学生们会积极主动地参加，并且几乎每次都载誉而归，例如国庆文艺汇演一等奖、校园集体舞二等奖、呼啦圈比赛第三名等。在学校年度评比中，班级多次被评为先进班集体。

班主任还要对学生充满信心。德国教育家第斯多惠说："教育的艺术不在于传授的本领，而在于激励、唤醒和鼓舞。"自信心可以使人积极向上，富有进取精神，对人的成长和一生也会产生十分重要的影响。有时，老师一句鼓励的话语、一次表扬、一次成功的体验，都会增强他们的自信心。对于刚刚踏入职业学校的学生而言，由于他们初中时属于弱势群体，学习成绩差，长期受忽视，严重缺乏自信。因此，作为班主任，要主动培养他们的自信心，及时发现他们身上的闪光点并及时给予赞美和表扬，从而激励学生产生奋发向上、刻苦求学的巨大动力。同时，班主任要充分相信学生，努力创造机会，为学生搭建平台，让学生充分展示自己，进而体验到学习的快乐和成功的喜悦。我班里有这样一个女生，她平日里默默无闻，学习成绩一般，属于那种走进学生堆里不容易找的学生，但她的字写得不错。班里第一次办黑板报时，因为没人会写板报头，班长愁得要命。于是我就找到她，表扬她的字写得好，让她试试。她很是犹豫，说自己以前从没写过，我鼓励她勇敢地去尝试，结果写得还不错。正是我提供的这次机会，使她意识到原来自己在班里也是有用之才，这极大地增强了她的自信心。她开始主动地参加班级的各项活动，上课回答问题也变得积极了。每一次见到她，我都能在她脸上看见自信的笑容。在接下来的期中考试中，她的学习成绩有了明显的进步，在上学期的期末考试中，她考进了班级的前六名。

作为一名普通的班主任，每天要做的事繁杂且枯燥，有人说这样的工作让人感到疲倦。可对于我来说，却是一种乐趣、一份痴情，是一种超越了功利之后的愉悦……记得汪国真的诗中有这样一句话：既然选择了远方，便只顾风雨兼程。作为班主任，累并快乐着，我愿意在班主任工作这个大舞台上，舞得更美……

与你共同成长

　　教师与学生是一对互相依赖的生命，是一对共同成长的伙伴。教师幸福的源泉不仅仅是学生的进步与成长，还应该包括自己的充实与成长。

　　与学生共同成长，首先要了解学生。2012 年，根据学校的安排，我担任了 12 机电一班的班主任。新生入学后，我首先通过"互相认识""单独交流"和"电话采访"等多种方式对班内 55 名同学进行了初步摸底，了解他们的性格特点、个人爱好、家庭状况等。大家不要小看这个过程，这些以后都会成为我们发掘学生潜力、因材施教的根本，也是开学初选拔班委的基础。像我们班的张毛毛、彭鹏，铁杆篮球迷，现在是班内篮球队的主力队员；杨振涛，勤快懂事，组织能力强，现担任班长一职；白珂，爱学习，班级成绩名列前茅，擅长演讲，多次参加学校的演讲比赛；任赛飞，可爱可亲，痴迷于练字，是书法老师的得意弟子……每一个学生都是一本书，我们在阅读的时候，从序言目录开始初步认识，再一页一页地去深读了解他们，真的是回味无穷！

　　与学生共同成长，还要尊重学生。每个人都有其自身的价值和尊严，师生之间是一种平等的、互相尊重的关系。只有尊重学生，才能发扬他们身上积极美好的东西，才能让他们充分体会到老师的爱，从而更容易接受老师的教导。赵孝林在一次实训课上与任课老师发生了言语上的冲突。事后，我找到他时，看得出来他非常紧张，因为"顶撞老师"是我们班的一条高压线。我知道赵孝林是一个心肠很好，但说话较冲的孩子，所以我保持一贯的微笑对他说："赵孝林，我不听信任何人的片面之词，只想听真话。"赵孝林很诧异，他老老实实地叙述整个事件的经过。从他的语气及字眼里，我知道他已经意识到自己的错误，我让他进行自我批评和自我改正，并鼓励他现身说法，在"互相尊重"的主题班会上以自身的经历教育别的同学。从那以后，赵孝林非常注意自己说话的语气，变得和缓了许多，也更信赖我了。后来，我根据他的表现，任命他为副班长，分管宿舍卫生，工作非常出色。

与学生共同成长，还要服务于学生。我认为作为班主任，要很好地服务于学生，就要扮演好"严父、慈母、挚友"的角色。做学生的严父，就要做到对学生严而有章，严而有度，既要树立教师的威信，又要维护学生的尊严。另外更重要的是，作为严师要严格要求自己，因为教师的榜样作用是无穷的。对学生提出要求后，自己首先要做到；要求学生的仪容仪表，自己就要仪态端庄；要求学生每周练字、写周记，自己就要尽心批阅；要求学生将宿舍整理到位，自己就要每天去欣赏他们的劳动成果；做学生的慈母，就是对待学生像一个爱子如命的妈妈，忧学生之忧，乐学生之乐，把主要精力都用在学生身上，教育学生要像春风细雨一样"随风潜入夜，润物细无声"，不仅要关心学生的饥饱冷暖，还要细心地观察学生的思想和学习，及时发现问题并予以改正；做学生的挚友，就要用真诚的爱心换取学生的信任，让学生敞开心扉乐意和老师交流，做学生成长路上的陪伴者，与学生共同成长。

真正的教育是用一棵树去摇动另一棵树，用一朵云去推动另一朵云，用一个灵魂去唤醒另一个灵魂。所以作为一名教师，应该有树的扎实深厚和云的轻盈灵动。用心灵唤醒心灵，与学生们在生命与生命的对话中共同成长！

携手家长共育阳光少年

　　学生来自不同的家庭，教育要取得好的效果，离不开家长的支持。但作为中职学校的班主任，要与家长携手同行并不容易：一部分家长望子成龙望女成凤，但孩子却只考取了职业学校，家长没有了期望值，又觉得孩子长大了，便放任不管；一部分家长因为孩子叛逆、任性，在初中时就和孩子多次发生冲突，感觉自己管不了孩子，上中职后干脆直接把孩子交给老师，当甩手掌柜；一部分家长忙于生计没时间管孩子；一部分家长很关爱自己的孩子，想陪伴孩子成长，却不知如何与孩子交流……面对家庭教育中存在的种种消极现象，作为中职班主任，我们该如何与家长携手，共同培育学生呢？

　　首先，我们要尊重所有家长。家长们职业不同，文化素质不同，性格不同，对教育的重视程度不同，对待老师的态度也不同，我们要清醒认识到这些差异，不要苛求所有家长都重视教育、尊重老师。不管家长对学生是否关注，对学校、班级管理工作是否支持，我们都必须要尊重所有家长，与家长进行良好的交流沟通，尽可能地达成教育共识，这是我们班主任基本的职业素养。

　　其次，我们要积极引导家长重视教育。我们首先要通过历年高考数据和优秀毕业生现身说教两种方式，让家长充分认识到，职业学校的学生同样有出息，掌握一技之长的他们同样能够在社会上赢得一席之地，重新点燃家长对孩子的期望。要让家长重视教育，就要采取多种方式跟家长交流，通过微信号、公众号等让家长认识到拥有一个阳光上进的孩子对于一个家庭的重要性，认识到高中阶段是家长和孩子进行沟通、建立亲密关系的良好时机。一旦孩子上了大学，独立性、自主性变强，家长要教育孩子会更加困难，所以，班主任要积极引导家长珍惜现在的机会，重视对孩子的教育。我任教的班级学生基本来自乡村，最初许多家长对孩子的教育都很漠然，第一个学期，没有一位家长主动打电话或者发微信询问过孩子在学校的表现。王翔的爸爸因为工作忙，从孩子上小学起就没参加过一次家长会，孩子也一直认为爸爸不喜欢不关心自己，心里有些怨恨。在了解孩子的心理后，我主动跟王翔的爸爸进行了沟通，他也意识到光辛苦挣钱给孩子花，算不上合格的家长，还应该关注并积极参与孩子成长的过程。于是，他开始有意识地关注孩子，隔三岔五地打电话询问王翔的表现。开家长会，他会提前跟单位同事协商换班，想方设法抽出时间参加家长会。看到爸爸越来越关心自己，王翔很高兴，抱着我说："谢谢您老师，是您改变了我爸爸，让我感受到了父爱的伟大。"后来，在我和家长的共同努力下，王翔也变得越来越快乐，越来越上进。

携手家长同行，我们还要在教育方法上达成共识。部分家长认为孩子上学迟到，不跑早操，上学拿手机玩，无正当理由请假⋯⋯这些都是小事，不值得大惊小怪。甚至当班主任将学生违反校规的问题通知家长时，家长也表现得非常不屑，认为班主任小题大做。实际上，当学生连小事都不能认真对待，不能做好的时候，这样的孩子往往是纪律散漫，不思进取的。对此，班主任应唤起家长的警觉，让家长充分认识到问题的严重性，在平时的学习生活中，应该和家长联起手来，采取恰当的方法和措施，共同监督孩子改正错误。当然，要改掉长期养成的不良习惯，不是一朝一夕可以完成的，这需要班主任和家长共同努力，联手合作，慢慢引导学生走向正途。

携手家长同行，双方紧密合作，共同担负起教育的职责，让学生茁壮成长！

写给家长的一封信

尊敬的家长朋友：

你们好！

孩子是家庭、社会的希望，我们每个家长都有望子成龙、望女成凤的心愿，可是当看到孩子没有像自己所期望的那样考入重点高中，而是来到职教中心，相信每位家长心里都会有一种恨铁不成钢的失落情绪。可不管孩子是否学习成绩优秀，我们都不能弃之不管，任由其自生自灭，我们依然要继续承担教育孩子的重任。

我相信每个孩子都是积极向上的，中考的失利在他们心中也会掀起波澜，进入职业学校后，完全不同的学习模式让他们有点无所适从，他们中很多人会感到特别迷茫。作为家长，要引导孩子建立积极、乐观、向上的心态，那么，大家应该做好哪些功课呢？

首先，要尊重孩子。每个家长都爱自己的孩子，但爱并不等于尊重。每个孩子都是一个独立的个体，你要塑造他、改变他，并不容易。上高中以前，孩子有点怕我们，我们可以命令他，孩子即使心里不服，但口上要服；进入高中，孩子开始心里口头都不服了，有时甚至瞧不起父母，因为他们长大了，开始明辨父母的是非曲直了。有时，我们为了维护家长的尊严来硬的，孩子并不买账；我们向孩子投降，让孩子凌驾于我们之上，自然也是不可取的，孩子毕竟还不成熟，需要引导。尊重孩子，我们就要允许孩子发泄，允许他们说出自己的心里话。他们说的有道理时，我们要积极肯定，没道理甚至胡搅蛮缠时要耐心指出，并坚守自己的教育原则。对于父母的不完美之处，我们要理直气壮地跟孩子说："长江后浪推前浪，一代要比一代强，你就应该超越父母。"对于孩子的顶撞，我们要学会控制自己的情绪，不急不躁、有理有度地教他学会换位思考。

第二，我们要了解孩子。孩子如同小树，分白杨、杨柳、银杏等不同种类，他们有自己的兴趣、爱好和特长，对问题有不同的见解，他们的智力水平、学习态度也不一样。我们必须清醒认识到孩子的不同，不能苛求他一定成为学习最棒的。我们要把培养孩子积极乐观向上的心态作为首要目标。没有健康的心理，孩子就体验不到人生的幸福，就不会有积极的人生态度。学习之外，允许孩子有自己的兴趣爱好，允许他适当玩玩，允许他适度放松，会培养孩子积极的人生态度。关注我们周围成绩优秀的孩子，大家可以发现，只知道学习的书呆子很少，他们大多兴趣广泛，选择专业方向明确。而我们身边的一些孩子，选专业时一片茫然，不知道什么专业适合自己。

第三，激发孩子的学习动力。社会对学历的要求越来越高，我们必须重视孩子的学习。但如果孩子被动学习，家长累，孩子烦；而有学习动力的孩子，没有父母监督，仍旧会自觉学习。我认识一个男孩，今年直升了我们市一中，他的父母都是农民，从没给他辅导过功课，他不用父母催促，每天都会按时睡觉、起床，自觉安排学习计划，这是因为他认识到要改变自己的命运，靠父母不行，只能凭自己的学习。而我们班的大部分学生，并没有认识到学习的重要性，学习动力不足，学习积极性没有调动起来。不同的孩子，学习动力也不一样，有的为自己前途，有的为自尊心，有的为父母争光，有的为报效祖国……，但要真正找到触动孩子灵魂的动力并不容易。一把钥匙开一把锁，我们要仔细观察、分析，早日找到一把合适的钥匙。

第四，我们要勇担教育职责。不要因为孩子上了职业学校而放弃对孩子的教育，不要因为孩子出现的问题较多就撒手不管，也不要因为我们工作忙而懈怠了对孩子的教育。俗话说，种瓜得瓜，种豆得豆。我们给予孩子多少关爱，孩子就会回报我们多少努力。孩子是父母生命的延续，是我们的希望，也是我们含辛茹苦奋力打拼的动力，我们既然做了他们的父母，便要义不容辞承担起教育他们的职责。

一分耕耘一分收获，亲爱的家长朋友们，让我们携手共同为孩子打造一个美好的未来。

药到病除

——浅谈问题学生转化

前些年，我看过一本小说，小说中主要讲述了问题学生的教育方法。我不禁联想到假如在生活中我遇到一个这样的学生，我会怎么做。我也能像小说中那样，将问题学生成功转变吗？我曾经多次把自己放到这个情境当中，也不止一次地借鉴成功教育人士的经验和方法，跟"假想敌"较量着，甚至我还写了注意事项，列了谈话提纲。

生活的巧合有时会让你难以置信，我的"假想敌"竟然真的出现了！2018 年，我接任了五年贯通大专班，就中考成绩而言，这个班的学习基础在全校属于比较差的，班里自然也少不了调皮捣蛋的学生。大显身手的时刻终于来临了！我跟这些调皮鬼斗智斗勇，从最初的摩拳擦掌、跃跃欲试到焦头烂额、苦不堪言，再到最终"一笑泯恩仇""相看两不厌"，我们之间经历了一个非常曲折的过程。

"世事洞察皆学问"，回首和学生朝夕相处的那段时光，我深有感触，觉得自己学到很多以前不曾了解的知识。如果将问题学生看成教育的一种顽疾，那么教师不应该逃避，要对症下药，将顽疾祛除。

一、开药方，明确标准

近些年，教育界一直盛传着这样一句话："没有教不好的学生，只有不会教的老师。"由于对教育理念缺乏准确的认知，导致好多人错误地解读为："教师可以将任何一个学生培养成三好学生，否则就是教师没有认真对待学生，存在失职行为。"当然，这种解读有失公允。抛开马克思唯物主义哲学中矛盾的特殊性不说，单就现实情况而言，老师也只是一个"凡人"，而学生的行为思想、家庭教育背景也是相当复杂，让所有学生都能成才显然也是不太可能。

但是，毫无疑问，作为教师，我们有责任尽全力把学生教好。但是，把学生教好并不能单纯看成绩提高多少、名次提高多少、有没有考上双一流大学。世界上没有两片完全相同的树叶，每一个学生都是不一样的，"好"对于每一个学生来说也不尽相同。对成绩不错的学生来说，教"好"他就是考上理想的大学；对成绩不理想的学生而言，教"好"他可能是帮助学生树立学习的信心，养成良好的学习习惯；可是对于一些问题学生来说，教"好"他极有可能仅仅是帮助他改掉坏习惯，养成良好的行为习惯，从而避免日后走向歧途。理解了这一点，我们便明确了问题学生的转化标准：努力培养学生良好的行为习惯，不再经常性违反学校规章制度。在此基础上，逐步提高学生学习成绩，使他成为一个能够实现自身价值，有益于社会，有益于国家的人。《弟子规》中写道："有余力，则学文。"没有良好的行为习惯，经常性地违反学校规章制度，提高学习成绩必定是一种空谈。因此，转化问题学生一定要让他们在行为上有所变化，哪怕只是做了中学生应该做的本分。有了这样的变化，教师便可以骄傲地说："对他的教育，我扪心无愧，对他的教育是成功的！我教好了他！"

开好药方，明确标准，那么转化问题学生也就有了方向。

二、配药引，秉持爱心

在走进教室的那一瞬间，我就想到自己的一生将与三尺讲台结下不解之缘，要将毕生的精力奉献给我所钟爱的教育事业。诗人艾青曾言："为什么我的眼里常含泪水？因为我对这土地爱得深沉。"这种信念和我们的教育理念是契合的。怀着这种理念，我们热爱这份教育事业，自然也会爱学生，也会把我们的爱传递给每一个学生。

子曰："爱之，能勿劳乎？忠焉，能勿诲乎？"既然我们热爱自己的学生，那么我们就有责任、有义务教育好他们，当然，其中也包括所谓的"问题学生"。

针对"问题学生"，教师要发自肺腑地热爱他们，不能将他们和其他学生区别对待。要始终相信他们身上存在的问题都是由于教育不到位和学生不经意造成的暂时性行为。经过我们的教育，他们肯定会有所变化，许多暂时性的行为必将会减少，乃至消失。如果缺少了这种爱，那么教师与"问题学生"便会渐行渐远。学生大都思想单纯，内心向善，只要老师肯付出，再辅以恰当的方法，就一定会寻找到转化"问题学生"的最佳途径。

配上"爱心"这个药引子，转化问题学生必将是事半功倍。

三、抓良药，讲究策略

转化"问题学生"是一件非常复杂的事情，要想做好这件事情，必须讲究策略和方法。勤于交流，巧于沟通，再加上鼓励和赏识，转化问题学生不再是难题。尽管每一个学生都有各自的特点，但有效的交流和沟通是解决教育问题的最佳方法。

因为"问题学生"经常会犯错误，惹麻烦，所以大部分老师都不待见他们，经常是避而远之，不愿与之交流，甚至有轻视"问题学生"的现象。实际上，再厚的冰也会被"火"融化，每个学生都渴望得到老师温暖的呵护。而交流和沟通无疑是消除师生间的隔阂，建立和谐师生关系的最佳途径。所以面对"问题学生"，教师应该增加与之交流的频率，做到勤于交流。在交流的过程中，我们就会发现他们身上存在的问题，然后及时地跟进教育，将一些违规违纪行为消灭在萌芽状态。同时，在交流中要渗透品德教育，努力唤醒问题学生的自我意识。

当然，跟学生的交流和沟通也要讲究技巧。沟通的前提是双方地位平等，这就要求教师在沟通中要平等地对待学生，不能一味强硬地说教，否则只会激起学生的逆反情绪，恶化师生关系，不利于问题学生的转化。在沟通过程中教师以退为进，会收到意料不到的效果。可以尝试着让学生多说一些，一个人真实的想法都是通过言行表现出来的。同时，在沟通的过程中，老师要适当表示出自己的关心，有时候一句简单的关心话语，也会拉近师生之间的距离，为转化"问题学生"扫除障碍。

赏识和鼓励是转化"问题学生"的关键。"人非圣贤孰能无过"，教师要允许学生犯错，同时也要给"问题学生"改正的机会。改变的过程是反复而漫长的。在这个过程中，教师要善于发现他们身上有所变好的地方，及时给予表扬，鼓励学生继续改变。最好能当着全班同学的面表扬他，使他尽可能多地获得成功的体验，给他以信心。或许这样的鼓励是不起眼的，但往往就是这些看似不起眼的鼓励，会点燃"问题学生"的激情，使他投身到修身、自省上来。如此一来，改变的过程不再是无趣的漫长，而是曲径通幽的美妙。相反，如果学生长时间得不到赏识和鼓励，前进的动力就会大打折扣，久而久之就会产生放弃的念头，乃至自暴自弃，这就和我们的教育初衷背道而驰了。

抓了良药，转化"问题学生"如同探囊取物。

"问题学生"是教育活动中的一大顽疾。要想治疗这种顽疾，我们必须先开药方，明确转化的标准，再配上"爱心"的药引，抓上策略的良药，结果必定是药到病除。"纸上得来终觉浅，绝知此事要躬行。"我们要在现实中践行教育理论，努力转化"问题学生"，让每一个花朵都迎来盛开怒放的一天。

我的班主任成长之路

我是 2013 年的免费师范生，毕业于华中师范大学。八年前的那个暑假，我怀揣着激动而懵懂的心情，开启了教师生涯。

我的工作单位是一所职业学校，如果只是上课，压力不是很大。但是，当了两年老师以后总觉得缺了点什么。记得学校的一位老校长曾经说过，作为一名老师，如果没有当过班主任，是很难有当老师的成就感的。在校长的激励下，我主动报名当班主任。没有经验，一切从零开始，我知道自己选择了一条很艰难很有挑战性的工作，但想想自己可以"领导"班级里的几十个兵，一起为梦想打拼，一起探讨研究些事情，幸福感又溢满心头。或许一开始会有一些不顺心，但是只要坚持，相信一定会越来越幸福的，我这样宽慰着自己，开始走马上任。

初出茅庐的我，对于学校的规章制度完全陌生，对于学生的了解更是少之又少。一开始我连班长都不会选，最后还是我班的导生（我们学校大一的学生）非常自信地给我推荐了一名班长。现在想想，对于当时的我来说，胜任班主任的能力可能还不如导生，毕竟导生与学校的规章制度磨合了三年，而我一切从零开始。第一届班主任我只干了三个月。那三个月可以说是一片狼藉。记得有一次班委和同学之间闹矛盾，我来来回回地问缘由，结果他们公说公有理，婆说婆有理，当时的我竟然自己也分不清谁对谁错，处理得一塌糊涂。矛盾不仅没有化解，反而愈演愈烈。

此后两年我都没有带班主任，但是对这一次的班主任经历，我却始终不能释怀。不服输的个性促使我再一次报名了班主任。如今，这一届班主任转眼已经到了第四个年头。回首看看也有很多不足之处，但更多的是收获的喜悦。要说成长经验，我想主要有以下几点：

一、多跟老班主任取经

学校领导给我安排的班主任师傅是刘老师，他是一位有多年工作经验并且认真负责的老班主任。刘老师告诉我，做班主任要求一定要严，工作一定要扎实细致，但最重要的是对孩子们的关心与爱护。在孩子们生病或受伤时及时给予帮助和关心，这是最能打动人心的。这招在工作中特别有效，我也因此收获了很多叛逆学生的心。无论平时多调皮，给我的班主任工作造成多大麻烦，如果学生有事需要我，我都会不计前嫌，真心帮助；也从来不会因为某个孩子在某件事上忤逆了我，我就把她的职位换掉，从此变仇人，而是一如既往地关心、支持、感化她们。班级中一旦遇到棘手的事情不知如何处理，我就会跑到刘老师那里取经。刘老师也总是倾囊相授，帮我想到解决的办法。

二、引导学生树立学习的观念

职业学校的学生不爱学习，有的学生来上学就是为了逃避工作，消磨时光，根本没有意识到学习的重要性。刚上高一那会儿，我几乎每天都靠在教室，待在办公室的时间很少，以防学生发生意外。家长把孩子交到我手上，我要对他们负责，每天早操、早自习、晚自习，我都会逐一落实是否到齐。课余时间，我会指导她们学习，教给她们学习方法。学生们特别喜欢听我讲故事。我把自己当年中考失利、高考逆袭的故事讲给她们听，鼓励她们不要放弃，要有信心努力让自己拥有一份体面的工作，以更好地照顾自己和家人。我会引导她们树立适当的目标，对自己准确定位。我教

她们树立时间观念，珍惜时间，鼓励她们每天 6：00 之前到教室早读。我还常去琴房陪孩子们练琴，一个一个听，一个一个拍照，发给家长，让家长见证我们的工作以及孩子们在校的学习生活。在我的努力下，学生逐渐转变了观念，慢慢爱上了学习。

三、有效避免班级矛盾

俗话说，三个女人一台戏，有女人的地方就有江湖。学前教育专业的学生，几乎都是女生，小心思多，容易产生小团体，加上多是独生子女，容易以自我为中心。吸取了之前的教训，也听取了老班主任的经验，从入学第一天起，我就给她们灌输家人的观念。告诉她们这个班集体中的每一个人都是你的家人，你们要在一起相处 5 年，如果你老是跟同学们闹矛盾，你在这里会过得非常难受。凡事多为对方考虑，有问题的时候互相帮助，不要只考虑自己。同时，我也会经常在班里开展团建工作，组织庆六一、包饺子等活动，拉近孩子们之间的距离，加深彼此之间的感情。遇到问题，大家都是相互商量，为彼此着想，将问题化解于源头，这让我省心了许多。

四、贵在有法

班级管理是一件很烦琐的工作，班主任必须建立章法，不能随心所欲。在这几年的工作中，我总结出几个比较有效的方法。首先要立班规，结合学校要求制定班级公约，每周量化评比，并在班会上进行点评，犯错误的必须做出检讨，并根据班级公约进行惩罚。第二是建立班级情况记录表，由值日班长每天记录班级日常、加扣分情况，每天定时跟班主任汇报，及时了解学生动态，发现问题及时解决。第三是执行要严格，请假一定落实好缘由，不要轻易准假。学生们的攀比心理比较严重，有些可准可不准的假一旦准了就会有更多的学生来请假。因为我的严格要求，除非生病、受伤，几乎没有学生上操请假。

五、多与任课教师交流

任课老师对于班级的成长至关重要，我常常在开学或者期中期末考试结束后去任课老师办公室了解班级情况，有问题及时整改。同时，任课老师也是我与学生沟通的桥梁，因为我没有太多经验，所以管理班级特别严格。但是太严了也会激起学生们的逆反心理，她们会忍不住在任课老师面前"吐槽"，所以任课老师的作用非常关键。有一年，心理老师邢老师给我们班任课，一天，学生在他面前"吐槽"我太严，他就语重心长地跟学生说我的不容易。学生特别敬佩他，对他说的话学生也特别信服。就是从那一年开始，学生们开始慢慢理解我了。由于任课老师总是帮我在班里树立好形象，我的班主任工作顺利了很多。

这一次的班主任工作经历，我一直觉得是努力与运气共存。过程中我百分之百的努力，结果也给了我百分百的回报。班级每学期都是双优班级，高二时还被评为青岛市先进班集体，每学期我都是优秀班主任。同时，我也获得领导和同事的认可，被评为优秀教师和优秀党员，这极大地增强了我的自信心。一路走来风雨兼程，有泪水，有失落，有感动，有收获，总算没有辜负自己的青春，没有辜负我作为一名人民教师的初心。

我们不能改变天气，但我们可以改变自己的心情；我们不能事事如意，但我们可以事事尽力；我们不能改变自己的容颜，但我们可以展现自己快乐的笑容。在班级工作的道路上我才刚刚起步，本身还有很多不足之处，但我愿做一块学生喜爱的铺路石。

幸福是奋斗出来的

"幸福都是奋斗出来的""奋斗本身就是一种幸福"，习近平总书记铿锵有力的话语，点燃了亿万人民的奋斗激情，标注了新时代的奋斗气质。岁月之水一次又一次流过四季，回首自己走过的班主任工作之路，奋斗让我收获了一个不一样的青春岁月。

一、同心有爱

高尔基曾说过："谁爱孩子，孩子就爱谁，只有爱孩子的人才会教育孩子。"对的，缺少爱的孩子很冷漠，缺少班主任爱的孩子也无法爱班集体；没有被爱过、不会爱他人、不相信爱的学生也很难立足社会的。

所以，我平时都与学生进行周记形式的书信往来，学生很愿意在这样一个只有自己和老师的私密空间里，诉说自己学习、生活、家庭中的烦事、开心事，这样我对每一位学生学习、生活、心理、情绪上都有了充分的了解，同时也让学生感受到关注和关爱，自然也和我建立起深厚的友谊。假期里他们也自主地与我进行邮件联系，分享心情。我曾想过，如果等到学生毕业时，将这些书信、邮件整理成册应该是一份不错的毕业礼物吧，因为这里面记载了学生那些烦恼的、快乐的成长路程，还承载着满满的师爱。

有一次，学生发现我开班会时的神情不对，他们猜测我可能是生病了，于是，我收到了全体学生凑给我的惊喜——零食，那一刻，我感觉山珍海味都比不过那些小小的零食带给我的幸福感。我们班东南角的桌子上总是摆放着一束鲜花，那是我发现教室的卫生较差，特意买来放在那里的。我告诉学生，班集体是一个大家庭，作为家庭成员，我们都应该热爱她，维护她的干净整洁，从此学生就自发地争着抢着定期更换鲜花，教室卫生也变好了。慢慢地，同学们也都学会了爱，学会了爱老师，爱集体，爱同学。

二、恩威有度

"严师出高徒"是千年的古训。如果不立威，一味地溺爱、纵容学生，教师就没有威信，学生不怕你，自然一有机会就放任自我、违反纪律，所以我在处理这些问题时都是"高标准、严要求"，发现问题第一时间处置，不看情面，立刻落实改正。这样，不管将来学生有没有取得人生的成功，至少可以肯定的一点是，他们都已经"成人"。

有些孩子个性非常强，甚至在跟老师说话时，也经常表现出强硬的态度与神情。对待这样的学生我先冷处理，让他平静下来后，再请他陈述整个事件的过程，然后站在第三者的角度，分析其刚才的言行，允许他提出不同意见，但一定要让他明白，无论在什么地方做人做事都要有原则，要"有所为有所不为"。慢慢地，学生们都意识到了做事情要先考虑清楚后果，再去决定做还是不做。

但是"严"并不是严厉、严酷。管理过严容易造成学生个性压抑、自卑感重、自制力差、胆小怕事，甚至会造成学生的逆反心理，长期的高压也会导致师生关系僵化。而且如果老师对学生不好，甚至有自私自利之心，学生不会尊重你，自然也不会信服你。所以我会在他们取得进步时，某个阶段表现不错时，班级活动时，甚至小休不回家时，为他们买一些礼物、零食亲自送到他们手里，让他们知道班主任不是冷酷无情的"暴君"。既让学生感受到教育的温暖，又感受到规则的严格，这才是最好的教育。

三、共育有方

在这两年与学生、家长打交道的过程中，我发现出问题的往往不是孩子，而是家长。常常有家长和我说，跟孩子说不了几句话就急眼或者回家压根儿就不沟通。其实家长也很难，他们很想教育好自己的孩子，但大多数父母对教育方式缺乏了解，导致与孩子关系紧张。所以，每次开家长会时或者平时在微信群里，我会时不时地针对班里出现的问题给家长一些具体的家庭教育指导意见。每次班会课、大休放学前，我都会在班里强调回家要多与父母沟通，一定要心平气和。

每次在寒暑假前的家长会上，我都会要求家长和孩子制定假期学习计划，并手把手教家长如何制定科学合理的假期学习计划才能让孩子尽可能地实施起来。开学后，对同学们假期计划的制定和完成情况进行评比、奖励。这样，既避免了孩子们在假期里将心"玩散"，又轻松地解决了一直困扰家长的"管不听"问题，受到了家长们的一致好评。

班主任和家长是利益共同体，是一个战壕里的战友，应该并肩作战，共同面对来自学生教育过程中的种种问题与挫折，才能取得多赢的战果，只有家校合作才能撑起一片蓝天。

班主任工作是辛苦的，情况多变且复杂，没有一种办法适用于任何班级，前行的过程中还有很多的问题与困难。班主任工作又是幸福的，因为这是一个塑造学生灵魂，帮助学生成长、实现梦想的过程，还是一个与学生共同成长的过程。响应习近平总书记的号召"幸福是奋斗出来的"，所以，向幸福出发吧！

深化尚德笃行　践行责任教育
——教师在教育教学中践行尚德笃行中的模范作用

　　"身正为范"对教师个人成长非常重要，对班主任老师而言，身正的影响力也同样深远。英国哲学家培根有一句名言："读书的全部目的在于培养健康的人格。"健康的人格包含着三个要素：道德、意志和知识。加强道德建设，提高班主任师德修养，是培养班主任的首要目标。

　　有人形容"师德"对于学生的教育是"不立文字，一默如雷"。行为不需语言，然而胜过语言。班主任要想把学生培养成"圣贤"，自己首先应是"圣贤"。德国著名的教育家第斯多惠曾说："正如没有人能把自己没有的东西给予别人一样，谁要是自己还没有发展、培养和教育好，他就不能发展、培养和教育别人。"因此，班主任要想使学生具有高尚品德，自己首先就应该具备这些品德。加里宁在书中写了这样一段文字："在教师工作中有着许多困难，而教师的责任又是如此重大。教授某门功课自然是基本工作，但除此之外，学生还模仿教师，所以教师们的世界观、他的行为、他的生活，他对每一现象的态度，都这样或那样地影响着全体学生，这点往往是觉察不出来的。"

　　热爱教育事业，是班主任职业道德的重要方面。在目前的物质条件下，教育工作者对教育事业的爱不是由于优厚物质待遇的吸引，而是由于理性的认识。有的老师说："耐不得清贫就不要做老师。"这话正是教师高尚情操的写照。班主任也是教师，当然也有教授学问培养技能的责任。"以勤精业"是教师热爱教育工作的具体体现，所教学科的"精专"和文化知识的广博都需要班主任老师的辛勤耕耘和刻苦学习。如果班主任的知识功底扎实、学问渊博，讲话旁征博引，左右逢源，或幽默诙谐或引人入胜，那么这位班主任的威信便容易树立。反之，课上得平平，甚至不受欢迎，那么，他的威信就很难树立起来。所以，上好文化课是班主任的基本功之一。

班主任职业道德还反映在对学生的态度上。首先是尊重学生。虽然老师和学生有一定的年龄差异，学生还没成人，但我们也应该做到人格平等、相互尊重，绝不能居高临下搞家长作风。苏霍姆林斯基说过："在影响学生的内心世界时，不应挫伤他们心灵中最敏感的角落，——人的自尊心。"只有人格平等才能换来信赖和友谊，特别对于后进学生，更应如此。第二要理解学生。中小学生正处在身心迅速发展的时期，他们有多种多样的需要，他们有自己丰富的内心世界，他们渴望老师能理解他们，设身处地为他们着想，倾听一下他们的心声。班主任只有把握了学生的思想脉搏，才算真正拿到了教育他们的权力。

班主任的职业道德还表现在如何对待教师团队上。教育工作是个体劳动、集体成果。任何一名教师，无论他本领多大，都不能单枪匹马地完成现代教学培养塑造学生的重任。所以，教育要取得丰硕的成果，老师必须组团发展。这就要求我们每一位班主任都应慎独与自重，只有每个人的素质提高了，才能促进整个教师团队素质的提高。每一位班主任都应谦虚谨慎，都不应夸大个人在学生成才中的特殊作用。以德育为例，没有全体教师的齐抓共管与密切配合，几乎不可能成功。当然，我们也看到在我们中小学的教师队伍中，的确还存在一些问题，世俗的东西还有相当的市场。浅见与是非，应付与挑剔，急躁与刻薄，名利与清高还影响着我们一些同志，我们不仅要洁身自好，而且要积极发挥作用，逐渐地改变某些不适应教育新形势的不良风气。在此基础上，我们还要注意工作中协同合作、协商共事、责己严、待人宽，对待兄弟班级的老师和同学要宽厚、礼让。在评先进、受奖励面前，"见贤思齐"，不打击别人抬高自己，形成团结、和谐、蓬勃向上的教师团队。

班主任的职业道德还表现在对待家长的态度上。家长是孩子的第一任老师，家长在学生的成长过程中具有十分重要的作用。学校教育如果没有家长的密切配合，想取得预期的效果几乎是不可能的。家庭教育不仅可以促进学校教育，补充学校教育，而且还可以调节、控制社会对子女的影响，指导帮助子女有选择地接受社会的影响。很多有经验的班主任由于深知其中的利害，所以对家长工作高度重视，形成了学校、家庭教育的合力。作为班主任，在工作中要积极争取家长的配合。如：成立家长学校，定期召开家长会，家访，建立家校联系本等。但是，有些班主任在做学生工作尤其是后进生工作时，常常把家长作为泄怒的对象。批评、埋怨、指责，甚至说出一些很伤家长自尊的话，结果引起家长的不满、顶牛。家长在学校受了老师的"教训"，回家后就把这股怒气撒向孩子，甚至拳脚相加，导致孩子更记恨老师。这种恶性循环使班主任的教育工作走进死胡同。作为班主任，首先应该调查清楚，是家长教育方法的问题还是溺爱的问题，是放任娇惯还是过度保护，是痴心父母的替代还是隔代反哺的纵容？绝不能一概指责为家长不负责任，更不能说出"有其父必有其子"这样的话。班主任要与家长做朋友，善意地指出其在教育孩子方面存在的问题，与家长建立起良好的情感沟通，赢得家长的信任。

除了要防止把家长作为泄怒的对象外，还要注意不能把家长当作"用得着的对象"。学校工作碰到一些困难，家长常会伸出友谊的手，这种帮助是无可厚非的。但是如果班主任把来自各行各业的家长当作为自己谋取好处的关系网，就不对了。"吃人家嘴短，拿人家手短，求人家腿软"，其结果很容易引起教育上的不公。不仅教师的威信会一落千丈，给孩子心灵上造成的影响也是难以估量的。

班主任的职业道德还表现在如何正确对待自己上。正确对待自己，班主任要有角色意识，随时想到自己的社会分工角色是教师，是为人师表的教育者。从这一点出发，就会要求自己不办不符合身份的事，不说不符合身份的话，不失态于学生。角色明确的班主任，他们仪表是端庄素雅的，言谈举止是文明高雅的，气质风度是洒脱的。因为他会把这一切都看作是教育因素而不仅仅是个人的修养和习惯。

正确对待自己，班主任就要努力学习，一向书本学习，二在实践中学习，三向自己的学生、同事、领导学习。"满招损、谦受益"，只有虚怀若谷，才能知道自己的不足，才会不断进取，"问渠哪得清如许，为有源头活水来"，有了活源，才永远有清流。只有坚持学习，才能使思想进步，工作不断有所创新。

"尚德笃行"是我们长期坚守的行为准则，要继续传承下去，让更多的人受惠受益，让我们真正成为学生的良师益友。

中职生养志教育探索

中职阶段的学生正直青少年时期，身体和心理都逐渐发育成熟，知识渐开，理解力亦有显著的发展，渐渐脱离父母的关怀照顾，正是意气风发地学习独立之时，此时应迈进"少年养志"的教育阶段。

养志，是指鼓舞他们追求崇高理想的勇气，培养宏观远大的志向。中学阶段的"养志教育"就是引导学生形成正确的人生观、价值观和世界观，使我们的学生在此基础上随时调整人生的"罗盘"。不同的价值观成就不同的人生。人生的千差万别主要是由不同的价值观导致的：佛陀的价值观成就了他神佛的品质，希特勒的价值观成就了他魔鬼的品质。有人从政，有人经商，有人成了大盗窃贼。对于中职学生来说，由于没有实现预期的学习目标，学习上的挫折使他们渐渐丧失了学习的信心和进取心。为了求职的需要，一部分学生自愿选择进入中职学校学习。但也有相当一部分学生是迫于外界某种压力，如父母的强烈要求等，而不得不进入职业学校学习。养志教育首先要培养学生的自信心和勇气，重塑对学习和生活的美好憧憬。

养志教育是德育工作的重要一环，这也是形成良好校风、学风的关键，是学生在校成人成才的重要前提。养志教育要综合运用多种教育方法和途径，促进学生素质的全面发展。

一、创建养志教育的基石

给学生提供展现自己优点、获得成功的机会，重塑学生的自信和勇气，是创建养志教育的基石。我们发现每位学生身上的长处，找出他们行为中的闪光点，哪怕只是细微的优点，都要加以肯定、赞扬，激起他们的自尊和自信，并通过持续不断的鼓励，使其持久地保持下去。我们精心组织活动，让每个学生都能体验到成功，找到自信，让他们有成就感和获得感，进而有勇气去改变现状，志在未来！

二、制定切实可行的个人发展方案

在教育活动中，我们要根据学生的年龄特点确定教育内容和方式，制定出符合学生身心特点和发展规律的活动方案，在实施过程中，更是要根据学生的个体差异，因材施教，使每个学生都得到发展。

三、开展"养志系列"主题班会

子曰："吾十有五而志于学。"这正是中职生立志向学的典范。开展系列主题班会，分享古今中外名人励志故事，让学生耳濡目染，在潜移默化中为自己树立标杆和榜样，为自己做好志在远方的职业规划和人生目标。

四、加强职业素养，培养工匠精神

"工匠精神进校园"是养志教育的最佳载体。通过多渠道加强工匠精神的宣传，邀请大国工匠进校园，让大国工匠现身说法，让学生在与大国工匠交流的过程中强化对工匠精神的认知，发挥好大国工匠的榜样模范作用。结合专业特点和本专业职业岗位应具备的职业精神，制定专业教学目标，对学生进行职业道德教育，让工匠精神贯穿职业教育始终。加强工匠精神的学习实践与传承崇尚，引导学生学工匠做工匠，树立志在"大国工匠"的远大志向。

五、传承红色基因，弘扬传统文化

组织开展"传承文化、诵读经典、唱响红歌"系列活动，要求学生每天晨讲午唱、课间时间集体诵读和歌唱文化经典。这样既可以使学生在思想上接受传统文化的洗礼，在心灵上得到传统文化的浸润，又可以激发学生热爱中华优秀传统文化的情感，培养他们的家国情怀和社会关爱精神，学会自强不息，塑造独立人格，培养高尚情操，立志成为合格的中职生和社会主义接班人。

作为中职学校的教育工作者，我们既要培养学生具有扎实的专业知识和技能，又要培养他们良好的品德和人文素养。我们要以"养志教育"为抓手，从点滴做起，高标准、严要求，让学生成为有志向、有技能、有素质、有品格的合格中职生。

总得有人去擦擦星星

——班级管理策略和方法

序：

最近读到美国作家写的一首诗，颇有感触，与班主任们一同分享：

> 总得有人去擦擦星星，
>
> 它们看起来灰蒙蒙。
>
> 总得有人去擦擦星星，
>
> 因为那些八哥、海鸥和老鹰，
>
> 都抱怨星星又旧又生锈，
>
> 想要找个新的我们没有，
>
> 所以还是带上水桶和抹布，
>
> 总得有人去擦擦星星。

第一次读到这首诗，我就禁不住思绪万千，我想到了自己每天面对的学生……我不能埋怨自己的学生行为习惯何以如此差，如同我没有时间像八哥、海鸥和老鹰一样，去抱怨星星又旧又生锈。我只想带上水桶和抹布，用自己的真诚和善意，用智慧和耐心，还星星本来的璀璨和晶莹。天空需要一闪一闪亮晶晶的星星，社会需要一技之长的蓝领人才。不过，话虽如此，擦星星并非只有热情就行。正如职业学校班主任，并非只要有爱就万事大吉一样。因为教育还需要智慧，需要设计一个又一个主题班会增强班级凝聚力，需要用心理咨询师的技巧突破学生成长道路上的困惑，需要拥有处理突发事件的机智和胆识。在我看来，把这些学生培养成为自食其力、身心健康、遵纪守法的好公民，我们的工作就是有价值的。作为一名从事十几年班级管理工作的班主任，我想跟大家分享一下我的班主任工作心路历程：

一、培养学生为班级付出的意识和习惯

爱一个班级、一个"家"，并不是你在这个班级里得到的越多，对这个班级的爱就越深，而是你为这个班级付出的越多，才会更加深刻地爱它。为什么子女对父母的感情，往往没有父母对子女的感情深？因为父母在子女身上付出的多。为什么一个班级在毕业的时候，班长对班级的感情比一般学生深？因为班长为这个班级付出的多。所以，我们如果想要学生热爱自己的班级，就万万不要自己孤军奋战，而应该让学生学会为班级付出。比如在班级文化建设中，我跟学生一起将每一张课桌铺上淡蓝色的卡纸，既保护了课桌防止乱涂乱画，又美观整洁有条理。学生们分工合作创办"心理健康园地""宣传栏""军训运动会成果展示栏"，班级中"人人有事做，事事有人做"，最后我们的"家"整体色调清新柔和，简洁大方。此后，学生每天都会把教室卫生清理得非常到位，他们总是说："只有这样，才能对得起这美丽的环境。"曾有个女生还担心地问高二是否要换教室，她说如果换教室的话，她要把这个带走，要把那个也揭下来……不舍之情溢于言表。军训期间，在我的促成下，范杰和俞建建为班级拉来了赞助，对方为我们送来了横幅、饮料、矿泉水和零食，极大地鼓舞了班级的士气。运动会上，几个女生精心策划了气球方队，全班同学积极参与

方队的组织和编排，由于天气缘故运动会一再延期，气球也一波三折地吹吹破破，同学们对于来之不易的"精神文明班级"奖格外珍惜。可见，人们对于自己亲手创造的东西，是何等珍爱。要让学生爱自己的班级、同学、老师，秘诀就是让他们付出。

二、培养优秀班干部，帮助其树立威信

1. 班干部的选拔与培养

根据学生军训期间的表现，加上老师的敏锐观察力，我临时指定了七个班干部，然后进行为期两周的考察。正式选举前我一般会说这样几句话："同学们若想在班级里愉快学习生活，想让我们班团结奋进，就必须有几个认真负责的班干部。当面一套，背后一套的班干部我们不要；只能管好自己而没有能力管理班级的学生，即使当上了班干部也会力不从心；只有那些待人公平公正真诚热情的学生，才能担当起班干部的重任。我希望大家认真考虑，以最慎重的态度投出你神圣的一票。"所幸的是我临时指定的班干部都榜上有名，我又根据能力的不同调整了一下职位。班干部通过竞选后，必然会出现"几家欢乐几家愁"的情况，我们一定要做好抚慰工作。

2. 树立班干部威信

班干部是班级的"核心"。教育心理学家认为，班干部队伍是班级的一个小团体，如果小团体支持教师工作，教师就可以得心应手；如果小团体总是否定班主任的意见，班主任工作就会举步维艰。我主要从三点来培养：第一，班干部的威信是从他们的言谈举止，从他们对班级和同学的关心中来的。所以，我平时就注意对他们的言谈举止加以约束，要求他们学会关心同学。尤其对班长的培养，站在讲台上讲话传达的是班主任的指示，代表的是班主任形象，态度要端正，不卑不亢，绝不能嬉戏打闹，发

言前做好充分的准备，平时我要求班长随身带个本子，随时记录班主任的指示。班干部队伍稳定下来后，我就让班长学着召开班干部会和班会，对每周的卫生、纪律、跑操等情况做总结，头几次我都是现场跟进，有不足之处会后纠正指导。同时，我给班长布置了任务，要求他利用课余时间跟同学谈心交流，一旦发现问题或者异样状况立马向我汇报，做到及时发现，及时干预。一份努力，一分收获。在后来的"道德讲堂"中，班长出色的主持能力，临场发挥能力，超强的课堂驾驭能力，受到了领导和其他班主任的一致好评，这些无不得益于平时我对他的指导和培养。我一直认为，一个过于风平浪静的班级，未必就是一个优秀的班级，很多学生的问题可能是隐性的，就如同一个人常年不感冒、不发烧未必是好事一样。如果我们知道班级里正气的力量能超过邪气，班主任完全可以以旁观者的身份，任由冲突发生，由班长做调节。民间有孩子发烧是发"智慧烧"的说法。在班级成长中，任何一次矛盾冲突，都相当于孩子发的"智慧烧"，都是学习成长的绝好契机。第二，我鼓励班干部提建议，却不鼓励学生提意见。意见和建议的区别还是很大的，"意见"的特点是只"反映问题，提出问题"，却不思考问题的解决方法。而"建议"的特点不仅指出问题，分析问题，并提出改进方法，提建议需要更多的理性分析和思考，这个过程是很锻炼人、提高人、培养人的。第三，树立班干部的威信，要做到"眼里有活"。有一次布置成人考试考场，我要求班干部和值日生留下来贴考号，可是真正坚守到最后的只有寥寥三人，其中一人还不是班干部，也不是值日生。我没有批评那些临阵脱逃的班干部，而是在一次班干部会上对他们说："如果我交给你一件事情，你办得很好，再交给你一件事情，你依然办得让人满意，第三件事情也做得很圆满。这样的员工，想让领导不喜欢都难。但是，如果我交给你的第一件事情，你没有完成，第二件，还是没有完成，第三件事情，我还敢交给你去做吗？当我不愿意把事情交给你的时候，你在这个单位就属于可有可无的人了。这时，领导就会考虑裁员，因为公司不可能养一个只领工资不干活的闲人。所以，很多时候，失业、贫穷就是自己造成的。我们要做最有用的员工，就必须从现在开始，做班级里最不怕苦、不怕累、无私奉献的学生。"从他们后来的行动中，我知道他们听进去了我的话，比如在多媒体教室看电影或者搞联欢会，不用我提醒，班干部们在班长的带领下，会提前主动把桌子摆好，会后，会主动把卫生打扫干净，将桌凳放回原位。

我们班的班干部队伍非常整齐、正气，班长刘岩斌通过学生会竞选成为学生会副主席，团支书孙玉鑫成为宣传部副部长，赵谦山成为卫健委优秀干事，王依依获得了宿管老师的肯定和喜欢。当然，在指定班干部时也有看走眼的时候，例如闫仁飞同学。

三、形成良好的班风，增强凝聚力

没有组织过班级活动的班级，算不得真正的班集体。只有经历了军训、运动会、主题班会、技能竞赛、心理健康团体辅导等活动，拥有了共同的目标，独特的风格以及一定的凝聚力、向心力，班集体才算真正形成。按照"亮剑"里李云龙的说法，是拥有了一个"军魂"；用在我们的班级成长中，便是拥有了一个"班魂"，班级不再是一盘散沙。

首先，我将军训动作和意志融入到班级的管理中来。军训强化了学生们的组织纪律性，每一次班会，学生先坐好军姿，班长再邀请班主任，当站在讲台上看着下面坐着笔挺的学生时，心里会产生满满自信，这种自信叫"权威"。不仅如此，为了加强纪律性，学生做操时要天天站跨立，保持肃静。有句话说：细节决定成败。我认为良好的班风正是从这些点滴小事中形成的。

主题班会。"煮一锅班级的石头汤"的主题班会是我自开学以来开展的第一堂班会，通过三个和尚如何帮助村民快乐起来的故事，让学生意识到快乐的源泉不仅在于团结合作，还在于付出和分享。接着让学生回想一下，在军训这段时间，有哪些同学在"石头汤"里放进了"美味蔬菜"？比如，哪些同学默默为大家扛水，领书搬书，看桌子，写稿件，办板报等等，当"石头汤"的故事和学生为班级做的事情结合起来，就属于指导的"细节化""具体化"，能让学生明白究竟该怎样做，才能得到老师和同学的认可。接着开展"安全教育"主题班会、"预防校园暴力"主题班会，让学生分析校园暴力产生的原因以及预防措施，并请闫仁飞同学谈感悟。（讲他的求学背景以及由于冲动不成熟发生在自己身上的暴力事件，带来的经验和教训）。随后，又开展"做情绪的主人"主题班会，让学生感受情绪的不同类型，学会体察自己和他人的情绪，理解情绪是如何产生的，学会控制调节自己的不良情绪。在班风稳定后，我发现班级里开始出现了谈恋爱的苗头。于是，我又开展了"我能深思懂爱情"的主题班会，通过斯滕博格的"爱情三角形"理论（爱情包含激情、亲昵和责任），让学生初步领悟爱情的真谛，树立正确的爱情观，明确责任意识，同时让学生自觉意识到爱情之花要在适当的季节开放。随后又开展了"青春期异性交往"主题班会，通过交流，思维碰撞，让学生掌握异性交往的原则和方法。这些不同时期的主题班会，大大增强了班级的凝聚力，促进了师生情感的互动，更多时候达到了师生"双赢"的局面。

团体心理游戏。心理学有个宗旨：活动中感受，体验中成长。班主任除了班风建设、常规管理外，还有很重要的一部分——陪伴学生成长。而心理游戏就是一个很好的载体，尤其对问题学生的教育，平时说教的内容他听不进去，收效甚微，而玩游戏，则可以提高他的兴趣，通过亲身体验谈感悟和收获，让教育"水到渠成"，自然地发生。我做的第一个团体心理游戏是——"优点大轰炸"，这个游戏可以让学生充分了解自我、正确评价自我进而能够肯定自我、接纳自我，提高自信心。第二个心理游戏——"心有千千结"，通过这个游戏，学生们深深地体会到团结合作对班集体的重要性，若搞个人主义或者小团体主义势必不能打开人际关系的大结，一个集体中不能人人都是红花（领导者），得有很多人甘心当绿叶才行，分工又合作。这个游戏非常有利于形成正气的班风，增强班级凝聚力、向心力。此外还有"乌鸦和乌龟"的游戏，这是一个暖身游戏，让学生体验情绪从紧张到放松的感觉，提高注意力。还有"成长五部曲"游戏，这个游戏需要所有学生完成从蛋—小鸡—鸟—猴子—人的五级进化过程，引导学生体会成长过程中遇到的困难、艰难和反复，学会如何应对。还有"我的家庭树""最少的脚"等心理游戏。学生通过玩游戏这种形式，分享体验和感悟，汲取心理成长的力量，加深同学之间的感情，让我们班男女生如兄弟姐妹般团结一致，班风正气，坚如磐石，有很强的凝聚力和战斗力。

四、让学生参政议政

一般情况下，我会定期或者不定期地让学生给我写信，谈一谈班级情况，以达到让学生"参政议政"的目的。这样既能增强他们的主人翁意识和责任感，又能让老师更全面地了解班级情况。"评先选优"也能激发学生的参政议政意识。在学期末的"评先选优"活动中，我让每人在纸上投出自己慎重的一票，写上原因（表现），最后写上自己名字。写原因是为了让学生有理性思考的过程，落上自己名字是为了加强学生的责任意识，选票收上来了，结果很令人满意。其实，每个学生心里都有善的种子和恶的种子，关键在于我们老师给他们提供的土壤环境，是适合善的种子生长呢，还是适合恶的种子生长。我一开始就宣称完全相信他们的眼光，他们自然也会用善的眼光去打量，用善的心灵去思考，并投出最神圣的一票——因为信任最能激起人们向善的愿望。当一个班级班风很正、舆论积极向上的时候，学生的选举自然会公正、公平，不是我们教师不为品学兼优的学生拉选票，而是我们在班级日常管理中，就已经大张旗鼓地为优秀学生摇旗呐喊过了。

　　一路跌跌撞撞地走来，我与学生的交往不仅有"脉脉温情"，还有"电闪雷鸣"，逼我思索、促我进步、推我成长的正是职业学校的学生，让我的生活精彩纷呈、回味无穷的，也正是这些"八哥""海鸥"和"老鹰"抱怨的又旧又生锈的"星星"。

乘智能之风　逐日光而行
——巧用现代信息技术助力班级管理工作

当今社会已迈入信息社会，全球教育发展被深深烙上了信息化的印记。世界正经历百年未有之大变局，日出东方，中华民族伟大复兴进程不可逆转。新时代赋予教育前所未有的重任，"互联网＋教育"的大平台推进建成，我们教师也踏上了智能时代教育的新征程。作为新时代的班主任，互联网思维已深深植入班级管理和教书育人的各个环节，各种信息技术遍地开花，为班级管理带来新的可能。

一、智慧管理　科学高效

我班有一位神秘的"猴子老师"，深受大家的欢迎，它就是"班级优化大师"。提起这位"老师"，同学们可有太多话要说了："我从没想过我会得到这么多表扬！""我是我们班的'礼仪小达人'呢！""我们组这学期又荣登榜首了！"……是的，自从我在"班优"中设置了不同方面各种层次的表扬类型，同学们的闪光点被一一展现，这些表扬不再转瞬即逝，而是真真实实地被记录下来。来到中职的很多学生都经历过中考的挫折，自信心不足。我将表扬细化成微小的点："积极思考""勇于回答""声音响亮""写字工整""听课专注""衣服整洁""帮助同学"……对学生的评价标准不再是单一的成绩，这些立体的多元评价伴随着学生们一点一滴的进步都被记录下来，每一次记录都可追溯，每月自动导出个性化分析报告，同学们的进步一目了然，可以更公平有效地参与到班级活动中。我发现学生们对学习对生活的积极性更高了，内驱力满满的他们对以往不敢涉足的领域也有了信心。"好孩子都是夸出来的。"我班的 A 同学刚开始成绩一般，但是思维活跃，口头表达能力很强，"班优"上屡屡得到"勇于回答"的表扬，一个月后我从系统中自动导出分析报告，肯定了他的优点，他不好意思地挠挠头，说："这还是我第一次得到这么多表扬呢！"慢慢地，他开始在其他方面崭露头角，得到的评价也越来越多元化，"坐姿板正""写字工整""正确率高"……最好的评价，是可以滋润"心灵"的，学生的眼中也渐渐有了自信的光芒，这大概就是正向评价的魔力吧！

二、温情教育　至美至善

习近平总书记强调，"青少年阶段是人生的'拔节孕穗期'，最需要精心引导和栽培。"智能时代，班主任育人的职责没有改变，选对策略，更大程度地引导学生在怡情悦心中树立正确的世界观、人生观、价值观，"扣好人生第一颗扣子"。

好多进入中职的学生，认为学习"从此书籍成路人"。刚入学时，班里曾刮起一阵不爱读书的邪风，甚至对几个认真学习的同学，总有人在背后发出唏嘘的怪声。针对这种情况，我在网上浩渺的资源里查了好久，准备了若干有针对性的视频材料。班会上，我先放映了剪辑版的《桃园三结义》，同学们对张飞的"俺也一样"哄堂大笑，"老师，再放几遍！"看了几遍后，笑得前仰后合的同学们慢慢安静下来，看到他们若有所思的样子，我知道，初步的教育目的已经达成。"进入中职并不意味着学习的终止，相反，我们还要继续承担知识学习与技能实践的双重任务，学习是广义的，要不断拓展学习的视野和疆界。"趁热打铁，我又播放了中国科学院黄国平博士论文的致谢部分，"我走了很远的路，吃了很多的苦……一路风雨泥泞，许多不容易。"听到黄博士穷且益坚、矢志不移坚持学习的经历，班里安静得可以听到一根针掉到地上的声音，我也好像听到了灵魂在被唤醒的声音。"教育即生活，生活即教育"，这些同时代的真挚丰富的精神感染了大家。听到年轻的"大国工匠"陈行行在视频中提到"新一代技能人员的能力更多地看能否在产品加工中综合运用多领域的专业技术知识"，这位在数控加工领域拔尖的山东老乡，激起了同学们心中的万千波澜。

这次班会后，果然再也没有起哄学习的现象了。这些鲜活的事例对孩子们的情感教育效果是真实的。我因势利导发起"线上学习打卡营"活动，同学们"日有一得"，都在群里打卡分享，不拘种类，内容涉及生活中的、学习中的、思想上的……一点一滴，"日有所长，日有所进"，就这样，我带领着班里的同学们在求知的路上奔跑。

这些生动活泼、触手可及的信息化技术手段让教育不再枯燥，在灵动有趣的活动中，学生在潜移默化中实现了道德的提升。

班主任是智慧的工匠，我始终相信，班里的每一棵小树都会长成参天大树。埋下种子，坚守岁月。根植于"互联网＋"的教育沃土中，班主任可以为学生提供更多成长所需的养分，利用这些时代资源，来成就班级文化的发展，成就学生的人生绽放，成就"百年树人"的根基。

"最好的教育，不是塑造'谁'，而是点燃'我'。"信息技术助力我们将班级小课堂和人生大舞台结合起来，推动学生遇见更完美的自我，走向更广阔的认知天地。这是梦想之光的影印，它改变了现在，也塑造了未来。在它的引领下，班主任带领青春之学生，追逐明日之阳光。引用艾青的《光的赞歌》吧："光在召唤我们前进，光在鼓舞我们、激励我们，光给我们送来了新时代的黎明……让信心和勇敢伴随着我们……总有一天，我们这个古老的民族，我们最勇敢的阶级，将接受光的邀请。"